POLYGLOTT on tour

Kroatien

Die Autorin

Maria Pernat
Die gebürtige Slowenin ist Ethnologin und lebt in München. Als freie Journalistin publiziert sie vorwiegend Reiseführer über die südosteuropäischen Länder sowie den Maghreb und Schwarzafrika.

W0200515

Das System der POLYGLOTT Sterne

Auf Ihrer Reise weisen Ihnen die Polyglott-Sterne den Weg zu den bedeutendsten Sehenswürdigkeiten aus Natur und Kultur. Für die Vergabe orientieren sich Autoren und Redaktion am UNESCO-Welterbe.

*** eine Reise wert ** einen Umweg wert * sehr sehenswert

Unsere Preissymbole bedeuten:

Hotel (DZ)		Restaurant (Menü)	
●●●	über 60 €	●●●	ab 35 €
●●	35 bis 60 €	●●	20 bis 35 €
●	unter 35 €	●	unter 20 €

Reiseplanung

Land & Leute

Unterwegs in Kroatien

Vielfalt in jeder Beziehung: In Istrien verbindet sich bäuerlich-slawische Kultur mit venezianischem Erbe, römisches bietet Pula. An der k. u. k. Riviera erwecken liebevoll restaurierte Villen die Habsburger Ära zum Leben, und die verschiedenen Eilande Cres, Lošinj, Krk und Rab verführen zum Inselhüpfen.

Kontraste: Zadar, Šibenik, Trogir und Split halten ein Feuerwerk kultureller Highlights bereit, ungezähmte Natur die Nationalparks Plitwitzer Seen, Paklenica, Kornaten und Krka. Und Baden mit Party lässt sich ideal auf der Insel Pag verbinden, während man auf der Insel Vis Ruhe an einsamen Buchten findet.

Süddalmatinischer Vielklang: Historische Hafenstädtchen, Lavendel, Weinreben und Strände machen die Inseln Hvar und Korčula zu einem reizvollen Ziel. Hinter den mächtigen Mauern und Stadttoren von Dubrovnik bezaubert die prickelnde Mischung aus Mittelalter und Gegenwart.

Neue Entdeckungen: Barocke Klöster und klassizistische Paläste verleihen der kroatischen Hauptstadt Zagreb den Glanz altösterreichischer Städte und die Jugend füllt diesen historischen Rahmen mit temperamentvoll-mediterranem Leben. Gemütliche Ausflugslokale und barocke Städtchen locken ins Umland.

Echt gut!

Karten

Reiseplanung

Die Reiseregion im Überblick][Die schönsten Touren][Klima & Reisezeit][Anreise][Reisen im Land][Sport & Aktivitäten][Unterkunft

Die Reiseregion im Überblick

Kein Wunder, dass Kroatien schon auf eine lange touristische Tradition verweisen kann, angesichts der reizvollen Vielfalt an Natur und Kultur zwischen Küste und Karst, Römern und k. u. k. Dieses landschaftliche Kontrastprogramm spiegelt sich auch in den Reiseregionen wider, beginnend im Norden mit **Istrien** und der **Kvarner Bucht.** Die Halbinsel Istrien lockt mit dem reizvollen Kontrast zwischen mediterraner Küstenlandschaft, gesäumt von venezianischen Städtchen sowie Kies- und Felsstränden, und dem bäuerlich geprägten Hinterland, in dem Oliven und Weinreben reifen und die historischen Siedlungen wehrhaft auf Hügeln thronen. Die südöstlich anschließende Kvarner Bucht um das ehemalige k. u. k-Kurbad Opatija ist mit besonders mildem Klima gesegnet. Das kommt auch den vier Inseln Cres, Lošinj, Krk und Rab zugute, die zu den beliebtesten Urlaubszielen Kroatiens zählen.

In **Norddalmatien** zwischen den Hafenstädten Senj und Split verschwimmen die Unterschiede zwischen Festland, Meer und Inseln. Langgestreckt und schmal begleiten Pag und Dugi Otok die Küste, die das Velebit-Gebirge beherrscht und vor kalten Winden schützt. Gleich mehrere Nationalparks laden Aktivsportler ein, wie Paklenica und Plitvice zum Wandern, Klettern oder Kanufahren, das Kornaten-Archipel zum Tauchen und Segeln. Badeurlauber finden an den Stränden zahllose Möglichkeiten, in der glasklaren Adria zu schwimmen und zu schnorcheln. Ein Kunst-Feuerwerk von Romanik bis Renaissance ent-

Strandurlaub in Kroatien

Auf eines müssen Sie in den meisten Badeorten Kroatiens verzichten: einen Sandstrand. Die kroatische Küste ist zumeist schroff und felsig, kleine Kies- oder Sandbuchten liegen häufig versteckt und sind nur per Boot zu erreichen. Das soll das Urlaubsvergnügen aber nicht schmälern: In vielen Ferienregionen wurden felsige Küstenabschnitte mittels Betonplattformen begradigt, von denen aus Leitern oder Treppen ins Meer führen. Der Vorteil der Felsküste: Das Wasser ist von geradezu kristalliner Klarheit, ein Paradies nicht nur für Taucher und Schnorchler, denn auch wer »nur« schwimmt, wird von den Unterwasserlandschaften mit ihren Felsgebirgen, Seegras-Wiesen und den vielen bunten Bewohnern fasziniert sein. Badeschuhe sind beim Ein- und Ausstieg von Vorteil, um die unangenehme Begegnung mit Seeigeln zu vermeiden. Wer flache Kies- oder Kies-/Sandstrände bevorzugt, findet sie beispielsweise in Baška auf der Insel Krk, bei Crikvenica, an der Makarska-Riviera und auf der Insel Brač.

Imposant erhebt sich hinter Suçuraj das Küstengebirge

zünden die Städte Zadar, Trogir und Šibenik; auf römischem Pflaster wandeln Sie in Split.

Das Zusammenspiel von tiefblauer Adria, hellgrauen Karstfelsen und den bunten Tupfen von Macchia, Lavendel und Weinreben prägt auch die Küste **Süddalmatiens.** Auf der Insel Brač erwartet der wohl berühmteste Strand Kroatiens, das »Goldene Horn«, Badende und Surfer mit feinem Sand und optimalen Windverhältnissen; auf der Nachbarinsel Hvar umschmeicheln Kaskaden von Lavendelduft die Gäste der eleganten Hotelanlagen. Die Insel Korčula ist berühmt für ihre hervorragenden Weine, und die Elaphiten-Inseln gelten noch als Geheimtipp für einen Robinson-Urlaub. Auf dem Festland sorgt die Makarska-Riviera mit ihren hübschen Hotels, gepflegten Stränden und urigen Restaurants für perfektes Ferien-Ambiente. Strahlende Perle ist das UNESCO-Kulturerbe Dubrovnik mit seinem eindrucksvoll erhaltenen Mauerring der Renaissance; gar nicht historisch ist das bunte Treiben in den vielen angesagten Lokalen und Lounges der Altstadt.

Ein binnenländisches Kontrastprogramm bietet **Mittelkroatien** mit der Hauptstadt **Zagreb.** Die in eine waldreiche Hügellandschaft eingebettete Metropole zeigt sich im klassizistischen Gewand und besitzt zahlreiche hochkarätige Museen. Fürs lebhafte Flair in der City und fürs aufregende Nachtleben sorgen die vielen Studenten. Der Gebirgszug Medvednica oder das Städtchen Samobor sind an den Wochenenden beliebte Ausflugsziele der Zagreber. In Varaždin und Karlovac ist barocke Architektur zu bestaunen.

Die schönsten Touren

Zwei Wochen im Zeichen von Ziege, Löwe und Adler

① Rijeka › Opatija › Lovran › Brestova (Fähre) › Insel Cres › Insel Lošinj › Insel Krk › Insel Rab › Insel Pag › Zadar › Nationalpark Paklenica › Nationalpark Plitwitzer Seen › Karlobag › Senj › Rijeka

Distanzen

Rijeka › Opatija › Lovran › Brestova 45 km/1 Std. mit dem Auto; **Brestova › Porozina/Insel Cres** 20 Min. Fähre; **Porozina › Cres-Stadt › Osor › Mali Lošinj** 79 km/1,5 Std.; **Mali Lošinj › Merag** 68 km/1 Std.; **Merag › Valbiska/Insel Krk** 30 Min. Fähre; **Valbiska › Krk-Stadt** 12 km/15 Min.; **Krk-Stadt › Valbiska** 12 km/15 Min.; **Valbiska › Lopar/Insel Rab** 1 Std. 30 Min. Fähre; **Lopar › Mišnjak** 22 km/30 Min.; **Mišnjak › Jablanac/Festland** 10 Min. Fähre; **Jablanac › Prizna** 15 km/10 Min.; **Prizna › Žigljen/Insel Pag** 15 Min. Fähre; **Žigljen › Pag-Stadt** 35 km/40 Min.; **Pag-Stadt › Zadar** 70 km/1 Std.; **Zadar › Starigrad/ NP Paklenica** 46 km/40 Min.; **Starigrad › Nationalpark Plitwitzer Seen** 115 km/1,5 Std.; **Nationalpark Plitwitzer Seen › Karlobag** 101 km/1,5 Std.; **Karlobag › Senj** 64 km/1 Std.; **Senj › Rijeka** 67 km/75 Min.

Verkehrsmittel

Die Tour unternehmen Sie am besten mit dem eigenen Fahrzeug; öffentliche Verkehrsmittel verkehren selten und nicht auf allen Teilstrecken. Überfahrten mit Autofähren der Jadrolinija sollten Sie in der Hochsaison entweder reservieren oder zeitig vor Abfahrt an der Ablegestelle sein, evtl. ist mit längeren Wartezeiten zu rechnen (Fährlinien- und Fahrpläne unter www.jadrolinija.hr).

Die ersten zwei Tage dieser Tour genießen Sie die nostalgische k. u. k. Riviera mit der lebhaften Hafenstadt **Rijeka** › S. 58 und den historischen Kurorten ***Opatija** › S. 56 und ***Lovran** › S. 58, deren klassizistische Villen und Kurhäuser heute luxuriös saniert stilvolle Unterkunft bieten. Wanderfreunde können von Lovran aus in ca. 3–4 Std. den Gipfel des **Vojak** (1396 m) im nahen **Naturpark Učka** erklimmen.

Der Galovac-Wasserfall im Nationalpark Plitwitzer Seen

Dann geht's zum Inselhüpfen zum Hafen Brestova, von wo Sie eine Fähre auf die ***Insel Cres** › S. 61 bringt. Das karge Eiland besitzt eine reizvolle Inselhauptstadt, ein weithin berühmtes Öko-Projekt zum Schutz der Gänsegeier und die romantische, nahezu verlassene Renaissancestadt Osor, in der der venezianische Löwe die Jahrhunderte währende Herrschaft der Serenissima über die kroatische Küste und Inseln dokumentiert.

Eine Brücke führt auf die Nachbarinsel ****Lošinj** › S. 62, mit dichter Vegetation, Kiefernwäldern und verschwiegenen Badebuchten. Eine Übernachtung sollte man mindestens einplanen, bevor man auf gleichem Weg nach Cres zurück und dort zum Fährhafen Merag fährt.

****Krk** › S. 63, die Insel mit dem unaussprechlichen Namen, ist ein Strandparadies und verdient mindestens zwei Tage Aufenthalt: Ob bei Malinska, Punat, Stara Baška oder gar am flachen Kiesstrand von Baška – überall finden Sie angenehme Bademöglichkeiten. Fürs kulturelle Erlebnis sorgt die lebhafte und mit architektonischen Schätzen nicht geizende Inselhauptstadt Krk.

Von Valbiska tuckert die Fähre hinüber nach Lopar auf ****Rab** › S. 66. Hier, wo angeblich die FKK-Kultur erfunden wurde, gibt es richtige Sandstrände. Rab-Stadt ist eine Inselmetropole mit romantischem Flair, in der Sie gut und gerne zwei Nächte verweilen und in urigen Konobas die herzhaften Inselspezialitäten verkosten können.

Die Insel ***Pag** › S. 73 südlich von Rab ist mit dem Auto nur auf einem Umweg übers Festland erreichbar. Inselspezialitäten sind aromatischer Käse und feinste Spitze. Pags Party-Strand Zrće bei Novalja gilt im

Sommer als einer der heißesten Szene-Treffs. Wenn Sie mitfeiern wollen, sollten Sie mindestens zwei Tage bleiben!

Zurück auf dem Festland verdienen Kirchen, Klöster und die Altstadt von ****Zadar** › S. 76 einen zweitägigen Stopp, bevor Sie den Freeclimbern an den Felswänden des ****Paklenica-Nationalparks** › S. 75 Aufmerksamkeit schenken. Zum nächsten Ziel, dem *****Nationalpark Plitwitzer Seen** › S. 74, geht es ein Stück landeinwärts. Zwei Tage können Sie hier wandernd, bootfahrend oder einfach die kühle Waldluft und die Farbenspiele von Seen und Wasserfällen genießend verbringen, bevor es zurückgeht nach **Karlobag** und an die Küste. Am Nationalpark Nordvelebit und der Festung von ***Senj** › S. 60 fahren Sie nun auf der Küstenstraße nach Norden. Wenn noch Zeit ist, können Sie sich einen Tag am Strand von **Novi Vinodolski** › S. 60 oder ***Crikvenica** › S. 59 erholen. Dann ist der Ausgangspunkt **Rijeka** erreicht.

Die Höhepunkte Dalmatiens in eineinhalb Wochen

② Zadar › Šibenik › Krka-Nationalpark › Trogir › Kaštelanska Riviera › Split › Omiš › Makarska Riviera › Neretva-Delta › Halbinsel Pelješac › Insel Korčula › Dubrovnik › Rijeka

Distanzen

Zadar › Šibenik 76 km/1 Std. 15 Min.; **Šibenik › Krka-Nationalpark** zu Fuß und per Boot; **Šibenik › Trogir** 55 km/1 Std.; **Trogir › Kaštelanska Riviera › Split** 31 km/1,5 Std.; **Split › Omiš** 27 km/30 Min.; **Abstecher Cetina-Schlucht** 2 Std.; **Omiš › Makarska Riviera** 33 km/40 Min.; **Makarska › Metković/Neretva-Delta** 81 km/1,5 Std.; **Neretva-Delta › Ston/Halbinsel Pelješac** 37 km/40 Min.; **Ston › Orebić** 33 km/40 Min.; **Orebić › Korčula** 10 Min., Fähre; **Korčula › Blato › Vela Luka › Lumbarda › Korčula** 100 km/2 Std.; **Korčula › Orebić** 10 Min., Fähre; **Orebić › Ston** 33 km/40 Min.; **Ston › Dubrovnik** 31 km/40 Min.; **Dubrovnik › Rijeka** 21 Std., Küstenfähre.

Verkehrsmittel

Das eigene Fahrzeug ist auf dieser Tour das beste Fortbewegungsmittel; Netz und Fahrpläne der öffentlichen Verkehrsmittel sind sehr dünn. Für die Fährüberfahrt mit der Jadrolinija (Fahrpläne: www.jadrolinija.hr) ist in der Hochsaison eine Reservierung vorab oder ein rechtzeitiges Erscheinen am Ableger empfehlenswert.

Die Kathedrale der UNESCO-Weltkulturerbestadt Trogir

Nehmen Sie sich für die Route von **Zadar › S. 76 nach Šibenik Zeit für die immer neuen Ausblicke: Inseln und Felsrücken dümpeln in der türkisblauen Adria, manche mit Macchia und einigen Bäumen bewachsen, andere völlig kahl. Das **Kornaten-Archipel › S. 82 ist Nationalpark und ein Traumrevier für Freizeitkapitäne und Taucher.

***Šibenik › S. 83 zählt zum UNESCO-Kulturerbe, in der historischen Stadt sollte man zwei Übernachtungen einplanen. Der erste Tag gehört den Architektur- und Kunstschätzen wie der prunkvollen Renaissancekathedrale des hl. Jakob, der zweite dem Naturerlebnis: Im nahen **Krka-Nationalpark › S. 85 kann man Seen und Wasserfälle schön per pedes und Boot erkunden.

Auch ***Trogir › S. 85, der nächste Halt an der Adria-Magistrale und ebenfalls UNESCO-geadelt, besitzt eine imposante Kathedrale, deren gotisches Portal als Meisterwerk der Steinmetzkunst gilt. Dann führt die Tour an der Kaštela-Bucht entlang in Richtung Split, vorbei an kleinen Orten, die um wehrhafte Kastelle entstanden sind. Diese *Kaštelanska Riviera › S. 92 war um die Wende vom 19. zum 20. Jh. ein mondänes Badeziel der mitteleuropäischen Hautevolee.

***Split › S. 87, dessen Altstadt sich ebensfalls im UNESCO-Weltkulturerbe einreiht, ist lebendige römische Geschichte, mittelalterliche Handelsstadt und moderne Hafenmetropole – Grund genug, hier zwei Tage einzuplanen. Bummeln Sie durch den Diokletians-Palast, gehen Sie shoppen auf dem Wochenmarkt, genießen Sie raffinierte mediterrane Küche und das schicke Nachtleben einer Großstadt!

Das romantische Städtchen **Omiš** › S. 102 schmiegt sich zwischen Fels und Meer an die Mündung des Flusses Cetina. Viele Besucher unternehmen eine Rafting-Tour durch die *Cetina-Schlucht › S. 103.

Wenn noch Zeit ist, können Sie am gleichen Tag nach ***Makarska** › S. 104 weiterfahren und in einem der komfortablen Strandhotels absteigen. Die Riviera hier ist dank des milden Klimas und der flachen Kiesstrände eine beliebte Ferienregion.

Am folgenden Tag fahren Sie durch das fruchtbare **Neretva-Delta** › S. 108 und über **Ston** › S. 109 auf die Wein-Halbinsel **Pelješac** › S. 109 und setzen von **Orebić** › S. 110 nach ****Korčula** › S. 111 über. Auf der hübschen, üppig bewaldeten Insel mit stillen Buchten und wehrhaften Städtchen sollte man mindestens eine Nacht verbringen. Auf gleichem Weg geht's über Pelješac zurück und auf der Magistrale nach Süden.

Finaler Höhepunkt ist *****Dubrovnik** › S. 114, die UNESCO-Perle der Adria. Architektur, Kunst, Lifestyle, Baden und Feiern – alles ist in den historischen Mauern und im Badevorort Babin Kuk geboten. Hier können Sie die Fähre der Jadrolinija besteigen und in 21 Stunden zum Startpunkt von Tour 1, **Rijeka** › S. 58, zurückschippern – und mit schönen Ausblicken auf Küste und Inselwelt die Touren noch mal Revue passieren lassen. Wer davor noch einen Abstecher an die montenegrinische Bucht von *****Kotor** › S. 122 unternehmen möchte, sollte zwei weitere Reisetage einplanen.

! Die Adria-Magistrale gilt als eine der Traumstraßen Europas, allerdings auch als unfallgefährlich. Vorsichtige, defensive Fahrweise ist angeraten, bei nassem Belag besteht erhebliche Schleudergefahr und wenn der Fallwind Bora stürmt, sollten zumindest Motorradfahrer, möglichst aber auch die anderen Verkehrsteilnehmer, auf die Fahrt verzichten.

Touren in den Regionen

Touren	Region	Dauer	Seite
Weinberge und Wehrstädtchen: Istriens Binnenland	Istrien und Kvarner	2 Tage	47
Auf venezianischen Spuren: Istriens Westküste	Istrien und Kvarner	2 Tage	48
Von Biograd auf die Inseln	Norddalmatien	2 Tage	69
Von Split nach Vis und Biševo	Norddalmatien	2 Tage	72
Karst und Küste: Biokovo-Naturpark und Makarska-Riviera	Süddalmatien	1–2 Tage	96
Winzer und Austern: Pelješac und Korčula	Süddalmatien	1–2 Tage	97
Dalmatinische Karibik: Elaphiten	Süddalmatien	2–3 Tage	100
Durchs Zagorje nach Varaždin	Mittelkroatien	1 Tag	124
Durchs Žumberak nach Karlovac	Mittelkroatien	1 Tag	126

Special

Von Marina zu Marina

Es gibt kaum ein schöneres Segel- bzw. Bootsrevier in Südeuropa als die kroatische Adria zwischen Rijeka und Dubrovnik: 1185 Inseln, eine von Buchten und Halbinseln strukturierte Küste, kalkweißer Fels und dunkle Macchiamatten, venezianische Kirchtürme und Palmenpromenaden, Eichen- und Olivenhaine sowie winzige Kiesbuchten – manch ein Seefahrer verliert sein Herz für immer an dieses Stückchen Meer.

Der sichere Hafen

Mit einem eigenen Schiff kann man tagsüber einsame Buchten anlaufen, um ungestört zu baden, und abends in alten Hafenstädtchen den Anker werfen. Die meisten Marinas liegen so zentral, dass die Küstenorts- oder Stadtzentren und die besten Restaurants meist nur wenige Schritte voneinander entfernt sind. Insge-

Informationen zu Nautik und Marinas

- Für Bootskapitäne bietet die Webseite des ACI, **www.aci-club.hr**, gute Informationen und Adressen zur Nautik in Kroatien sowie Links zu den einzelnen Marinas mit detaillierten Beschreibungen.
- Nützliche Infos erhalten Segler und Motorbootfahrer auch bei **http://nautika.croatia.hr**, einer speziellen Website der Kroatischen Zentrale für Tourismus, oder in der Broschüre »Informationen für Nautiker« des Fremdenverkehrsamts › S. 139.
- Ein Standardwerk für Bootsfahrer ist das Handbuch von Karl-Heinz Beständig: **Kroatien, Slowenien, Montenegro, 808 Häfen und Buchten**, Freytag & Berndt, 2013/14, 29,90 €.

samt gibt es entlang der Küste 56 Jachthäfen, 23 davon gehören zum Kroatischen Jachtclub ACI. Letztere sind hervorragend ausgestattet, u. a. mit Tankstelle, Stromversorgung, Läden oder Wäscherei. Meist sind ausreichend Liegeplätze vorhanden – außer im August. Dann sind vor allem die Häfen der Kvarner Inseln und der Kornaten heillos überfüllt; stundenlanges Anstehen zum Tanken macht den Bootsurlaub nervenaufreibend.

Charter oder Kreuzfahrt

Segel- oder Sportboot-Führerscheinbesitzer haben die Qual der Wahl zwischen einem Heer von Agenturen, die Bootscharter vermitteln – und doch sind die besten Boote meist ziemlich schnell ausgebucht. Deshalb empfiehlt es sich, eine solche Reise zeitig zu planen und auch das gewünschte Schiff früh zu reservieren. Landratten ohne Kapitänspatent können sich einem der vielen Segeltörns anschließen, die von diversen Reiseveranstaltern angeboten werden.

■ **Riva Tours**

Neuhauser Str. 27][80331 München
Tel. 0 89/2 31 10 00
Fax 23 11 00 22
www.kroatien-idriva.de
Hier gibt es alle erdenklichen Bootstouren durch die kroatische Inselwelt.

■ **Nautic-Tours**

Ecksteins Hof 2
45721 Haltern am See
Tel. 0 23 64/5 08 89 90][Fax 5 08 89 99
www.nautic-tours.de
Ein weiterer zuverlässiger Bootsmakler.

■ **Nautika Centar Nava**

Uvala Baluni 1][21 000 Split
Tel. 0 21/40 77 00][Fax 40 77 01
www.navaboats.com
Nautica Centar Nava bietet gute Boote und Segelkurse in Split, das ein guter Ausgangspunkt in Dalmatien ist.

Ein Paradies rund ums Boot

Ideal für Segler und Motorbootfahrer sind die Inselchen des Kornaten-Archipels › S. 82. Im Sommer öffnen auf den sonst unbewohnten Eilanden Restaurants und Clubs mit Bootsparkplätzen, wie die beliebte **Konoba Opat** auf Kornat. Entspanntes Segeln um grüne Oasen bieten die Elaphiten-Inseln › S. 121 zwischen Dubrovnik und Pelješac. Hier sollte man die **Konoba kod Marka** auf Šipan anlaufen, mit Bootsanleger und der wohl besten Küche weit und breit.

■ **Konoba Opat**

Kornat][Tel. 091/473 25 50. ●●

■ **Konoba kod Marka**

Šipan][Tel. 020/75 80 07. ●●●

Klima und Reisezeit

Klimaregionen

Entlang der Küste genießt man in Kroatien schönstes Mittelmeerklima mit langen, warmen Sommern, einem kurzen, regnerischen Winter und den milden Übergangszeiten – doch ab und an verdirbt der Fallwind Bora den Spaß. Erbarmungslos fegt er die der Küste zugewandten Seiten der vorgelagerten Inseln kahl. So plötzlich, wie der Nordostwind auftaucht, verschwindet er auch wieder und lässt frostige Temperaturen zurück.

Ein eigenes Mikroklima prägt die Gebirge entlang der Küste wie das Velebit oder den Gebirgszug um den Risnjak im Kvarner. Hier bleibt es auch in den heißen Sommermonaten etwas kühler; gelegentlich fällt sogar Regen.

Kontinental gibt sich dagegen das Wetter Zentralkroatiens, die Winter sind hier länger als an der

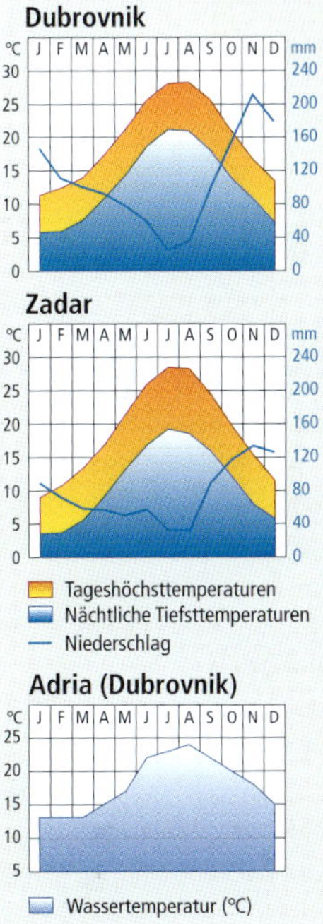

Kleine Windkunde

Kroatiens gefürchtetster Wind ist die aus nordöstlicher Richtung vom Festland aufs Meer blasende Bora. Der kalte Fallwind entsteht bei hohem Luftdruck und peitscht das Meer vor allem in der Kvarner Bucht, im Velebitski Kanal und in Süddalmatien auf. Ihr Gegenspieler ist der Jugo, ein warmer und feuchter Süd-/Südostwind mit Ursprung in Nordafrika, der ebenfalls das Meer aufwühlt und von Regen begleitet wird – am häufigsten kommt er im Winterhalbjahr vor. Der kühle Maestral bringt von Nordwesten meist schönes Wetter mit, häufig bläst er nur am Vormittag. Unangenehm, aber selten ist die Nevera, ein Unwetterbote vom Meer her aus dem Westen, der starke Wellen erzeugt. Bootsfahrer sollten deshalb die in den Marinas erhältlichen Wettervorhersagen beachten, die für mindestens drei Tage abrufbar sind.

Küste und auch mit Schnee gesegnet, im Frühjahr und Herbst empfängt die Natur reichlich Regen und der Sommer ist heiß. Beide Regionen sind im Frühjahr und Herbst am schönsten, wenn man bei milden Temperaturen wandern und an der Küste baden kann. Letzteres ist ab Anfang Juni und bis weit in den Oktober hinein möglich.

Ferien und Feste

Zagreb und Mittelkroatien kennen keine Hochsaison – wenn Messen stattfinden, hat man es in Zagreb allerdings schwer, Unterkunft zu finden. Die ideale Reisezeit für Istrien und die dalmatinische Küste sind die Monate Juni bis September. Allerdings haben im Juli und August auch die Kroaten sowie ihre Nachbarn in Slowenien und Italien Ferien. Wer überfüllte Straßen und Strände sowie Höchstpreise für Unterkunft vermeiden möchte, sollte zumindest zwischen 15. Juli und dem italienischen Ferragosto – dem Wochenende um Mariä Himmelfahrt am 15. August – nicht an die Küste fahren. Nach Ferragosto reisen die Italiener heim, und auch Kroaten und Slowenen beenden die Saison am Meer.

In dieser Saisonspitze ziehen auch zahlreiche Folklore- oder Musikfestivals Publikum an: Eine der stimmungsvollsten klassischen Konzertreihen, das Sommerfestival von Osor/Insel Cres, findet ebenso im Juli statt wie die Klassikmusikabende in St. Donat/Zadar. Nach Omiš sollte im Juli pilgern, wer den traditionellen dalmatinischen Gesang der A-capella-Chöre mag; dort treten die besten Klapa-Sänger Kroatiens auf. Die althergebrachten Schwert- und Säbeltänze von Korčula sind ein farbenfrohes Spektakel, das im August über die Bühne geht. Wenn Sie im September/Oktober reisen, empfiehlt sich ein Besuch in Lovran zur Marunada, dem Kastanienfest. Eine eigene Reise wert ist, so sagen es jedenfalls wahre Fans, der Karneval in Rijeka.

Anreise

Flugzeuge der nationalen Gesellschaft Croatia Airlines fliegen u.a. ab Frankfurt, München, Wien und Zürich über Zagreb die Flughäfen Split, Pula, Rijeka, Brač, Zadar und Dubrovnik an (www.croatiaairlines.com). Charterflüge gibt es im Sommer nach Dubrovnik, Zadar, Pula und Rijeka. Den Linienflugverkehr nach Zagreb bedienen Lufthansa (www.lufthansa.de) bzw. Germanwings sowie Austrian Airlines (www.aua.com).

Mit dem **eigenen Kfz** erreicht man Kroatiens Küstenregionen entweder über die italienische Hafenstadt Triest und das slowenische Koper oder über Villach, Ljubljana und Rijeka. Das südliche Dalmatien ist über Zagreb und die inzwischen durchgängig fertiggestellte Autobahn nach Split wesentlich schneller zu erreichen als auf der spektakulären Küstenmagistrale.

Per **Bahn** ist Kroatien mit vielen Städten Mittel- und Südeuropas verbunden. Nach Rijeka und Split verkehren moderne IC-Züge, gelegentlich muss man im slowenischen Ljubljana oder in Zagreb umsteigen. Auskünfte über Autoreisezüge und ICs erhält man bei den Reisebüros oder auf den Websites der Deutschen Bahn (www.bahn.de) und der Österreichischen Bundesbahnen (www.oebb.at).

Linienbusse fahren von München, Stuttgart, Frankfurt/Main und Wien u.a. nach Zagreb, Split und Rijeka (www.eurolines.de).

Autofähren zwischen Italien und der dalmatinischen Küste verkehren auf folgenden Hauptstrecken: Ancona–Split/Zadar, Pescara–Split/Stari Grad, Bari–Dubrovnik. Nähere Informationen in den Reisebüros oder bei Jadrolinija › S. 20 sowie bei den Fährgesellschaften wie Blueline (www.blueline-ferries.com) und SNAV (www.snav.it). Online kann man buchen auf dem Portal A Ferry (www.aferry.de).

Reisen im Land

Mit Auto und Motorrad

Die Verbindungen zwischen Rijeka, Split und Zagreb sind durch die neuen Autobahnen sehr gut, das Autobahnnetz und die aktuellen Mautpreise zeigt die Website www.hac.hr (auf Englisch). An der Küste ist die Magistrale Rijeka–Dubrovnik die wichtigste, stark befahrene und unfallträchtige Verkehrsachse. Die Nebenstraßen auf den Inseln und Halbinseln sind mitunter schmal und holprig.

An fast allen Tankstellen gibt es sowohl bleifreies Benzin als auch Diesel; an großen Durchgangsstraßen sind sie meist 24 Std. geöffnet.

Es gelten folgende Geschwindigkeitsbeschränkungen: 50 km/h in Ortschaften, 90 km/h auf Regionalstraßen, 110 km/h auf Schnellstraßen und auf Autobahnen 130 km/h; Wohnmobile über 3,5 t außerorts 80 km/h. Beim Überholen muss während des gesamten Vorganges der linke Blinker eingeschaltet sein und von Oktober bis März tagsüber generell das Abblendlicht. Die Promillegrenze liegt bei 0,5, ist man alkoholisiert in einen Unfall verwickelt, erlischt der kroatische Versicherungsschutz schon ab 0,1. Auto-/Motorradfahrer und -beifahrer müssen eine Warnweste mitführen und tragen, wenn sie das Fahrzeug auf Straßen außerorts z.B. wegen einer Panne verlassen.

Mit Bahn und Bus

Die Bahnverbindungen im kroatischen Binnenland sind gut, an der Küste hingegen kaum vorhanden. Bequemer und zeitsparender ist es, mit lokalen Bussen zu reisen. Die Fernbusse sind in der Regel klimatisiert, Stadt- und Lokalbusse dagegen nicht. Fahrkarten kann man auch im Bus kaufen. Bahn- und Bustarife sind deutlich günstiger als in Mitteleuropa. Für eine Strecke von 100 km zahlt man ca. 10 €. Infos über innerkroatische Verbindungen findet man unter www.autotrans.hr.

Mit Schiffen und Fähren

Ohne die Fähren der Jadrolinija läuft im Inselverkehr Dalmatiens nichts. Zwischen dem Festland und den Inseln bestehen regelmäßige Verbindungen; allerdings werden einige Strecken nur im Sommer befahren. Im Sommer bedienen die Autofähren täglich die Strecke Rijeka–Dubrovnik – eine entspannende Alternative zur Fahrt auf der Küstenmagistrale. Die Fahrt dauert ca. 21 Stunden und zählt zu den schönsten Schiffstouren in Südeuropa. Angelegt wird an den größeren Häfen, dazwischen fährt man küstennah durch das Inselgewirr Dalmatiens.Alle wichtigen Informationen zu Fährverbindungen in Kroatien:

Jadrolinija

Riva 16][51000 Rijeka][Tel. 051/666 111][Fax 213 116][www.jadrolinija.hr

In der kroatischen Adria bestehen hervorragende Fährverbindungen

Special

Unterwegs mit Kindern

Dobrodošli – Kinder sind Könige in Kroatien und überall willkommen! Sie ins Bett zu verbannen, wenn's doch nachts auf dem Corso noch so spannend ist, sie zur Ruhe zu ermahnen, wo Kindergeschrei doch erst Leben in die Bude bringt – nicht in Kroatien!

Felsenpools und Schnorchel

Fels und Kies sind zwar nicht so bequem wie feiner Sand und man kann auch keine Burgen bauen. Eine solche Küste kann aber auch total spannend sein: Wenn die Kleinen in den Felstümpeln Krebse und Fischchen beobachten oder die älteren Kinder mit Schnorchel und Flossen die Unterwasserwelt erkunden. Solche Abenteuer sucht man an Sandstränden vergebens!

Mehr als Meer

Im Hinterland locken weitere Attraktionen: Ein Besuch beim Falkner im Dubrava nahe Šibenik beispielsweise, oder beim Aquariums von Pula, das nicht nur mit seltenen Meeresbewohnern aufwartet, sondern auch noch in einer alten Festung beheimatet ist.

- **Sokolarski Centar**
  Dubrava Škugori
  www.sokolarskicentar.com
  Mo–Sa 10–19 Uhr
- **Aquarium Pula**
  Fort Verudela][**www.aquarium.hr**
  Juni–Aug. tgl. 9–22 Uhr

Sand und Kies

Als besonders familienfreundlich gelten die Strände um **Crikvenica** › S. 59, wo die Sand-Kiesstrände sanft ins Meer abfallen. Über weichen Sand als Abwechslung zur Felsküste freuen sich Kinder auch auf der **Mali Lošinj** › S. 62 vorgelagerten Badeinsel **Susak**.

Sport und Aktivitäten

Tagelanges Sonnenbaden am Strand ist immer mehr out, Urlaub mit Bewegung in der freien Natur oder sportliche Aktivitäten stehen heute auch bei Kroatienurlaubern hoch im Kurs, und die Tourismusverbände haben sich darauf eingestellt. Die Küstenregion bietet ein schier unerschöpfliches Angebot an Sportarten, wobei der Wassersport natürlich dominiert. Man kann aber auch wandern, mountainbiken, klettern, paragliden und vieles mehr.

Praktische Tipps und interessante Hinweise zu den wichtigen Wassersportarten an der Adria finden sich in der von der **Kroatischen Zentrale für Tourismus** › S. 139 herausgegebenen Gratisbroschüre »Wassersport« oder auf ihrer speziellen Website http://nautika.croatia.hr.

Segeln und Motorbootfahren

Längst hat sich herumgesprochen, dass die kroatische Küste zu den besten Segelrevieren der Welt zählt. In dalmatinischen Gewässern tummeln sich Bootseigner und Freizeitkapitäne, die Boote oder Jachten über direkte Kontakte oder über spezielle Reiseveranstalter chartern. Infos über Bootscharter › Special S. 15.

Sporttauchen und Schnorcheln

Lange Abschnitte der kroatischen Festlands- und Inselküsten bestehen aus Fels, Karst oder Kieselstränden – eine Einladung zum Tauchen und

Beim Wassersportangebot an der Adria ist für jeden etwas dabei

Schnorcheln, da keine aufgewirbelten Sandpartikel das Wasser trüben. Vor den Inseln präsentiert sich das Meer so kristallklar, dass man Gegenstände in mehr als 50 m Tiefe noch erkennt.

In vielen Tauchzentren kann man die Ausrüstung ausleihen und Kurse belegen. Wer im Meer auf eigene Faust tauchen will, muss sich bei den Basen eine Tauchgenehmigung ausstellen lassen (100 Kuna). Tipps über kroatische Tauchreviere und empfehlenswerte Schulen findet man im Internet unter www.croatia.hr und www.diving.hr.

Surfen

Surfreviere haben Istrien und Dalmatien wie Sand am Meer. Insider sind vor allem von den Buchten der Insel Brač südlich von Split, der Halbinsel Pelješac nördlich von Dubrovnik und der Landzunge Premantura bei Pula begeistert. Ausrüstung und Informationen erhält man in großen Hotels und in den Tourist-Informationen der Küstenorte.

Kanufahren und Rafting

Die kroatischen Flüsse erfreuen sich bei Wildwasserfahrern immer größerer Beliebtheit. Mehrere Veranstalter bieten Raftingtouren auf der Cetina bei Omiš an, darunter auch Slaptours. Die Agentur Huck Finn von Zeljko Kelemen, Kroatiens berühmtestem Flussmann, organisiert alle Arten von Wassersport auf wilden und ruhigen Binnengewässern plus Seekajak-Touren in der Adria. Hinzu kommen Wander- und Radtouren.

■ **Slaptours**
Fra J. Milete 7][22000 Šibenik
Tel. 022/311 460][www.slaptours.hr

■ **Huck Finn**
Ulica Grada Vukovara 271
10000 Zagreb][Tel. 01/618 3333
www.huck-finn.hr

Wandern, Bergsteigen und Klettern

Am schönsten und unkompliziertesten ist das Wandern in den kroatischen Nationalparks: Rund um die Plitwitzer Seen, im Nordvelebit, im Krka-Nationalpark und im Paklenica-Nationalpark kann man grandiose Landschaften auf zum Teil befestigten und gut ausgeschilderten Wegen erkunden. Auf vielen Inseln des

Echt gut!

Die spannendsten Aktivitäten

■ Den letzten Kick suchen und finden **Windsurfer** an der Südspitze Istriens bei **Premantura** und Winden aus NNO und SSO. › S. 53

■ Eine reizvolle **Fahrradtour** verläuft über die Insel **Dugi Otok** auf 43 km von Sali bis Veli Rat. › S. 71

■ Durch spektakuläre Schluchtenlandschaften der Mala und Velika Paklenica führen **Wanderungen** im **Paklenica Nationalpark.** › S. 75

■ Robinson-Feeling gefällig? Dann ist eine **Seekajak-Safari** um die **Elaphiten-Inseln** genau das Richtige. › S. 121

Omiš und das Mosor-Gebirge

Kvarner Golfs und Dalmatiens sind ebenfalls schöne Wanderrouten ausgewiesen.

Ein umfangreiches Outdoorprogramm bietet der kroatische Veranstalter **Spirit**: Rafting und Canyoning, Freeclimbing und mehrtägige Trekkingtouren in der Cetina-Schlucht sowie im Paklenica-Nationalpark sind für Anfänger wie Profis geeignet:

Spirit
Matije Gupca 26][21000 Split
Tel. 021/540 642
www.adventuredalmatia.com

Radfahren

Für Pedalritter sind die Inseln mit ihren schmalen Sträßchen und Feldwegen ebenfalls ein wunderbares Revier. Verleihfirmen gibt es in den Badeorten. Wer organisiert mit dem Fahrrad inselhüpfen möchte, findet kombinierte Boots-/Fahrradtouren durch den Kvarner Golf und Dalmatien bei **Riva Tours** (www.kroatien-idriva.de › S. 16).

Unterkunft

Die meisten Strandhotels haben drei oder vier Sterne und bieten guten Komfort sowie ein breites Freizeitprogramm. Da viele der mittlerweile renovierten Hotels aus den 1970er-Jahren recht hellhörig sind, sollten ruhebedürftige Gäste besser Zimmer verlangen, die abseits vom Hauptgeschehen liegen. Bei der Kroatischen Zentrale für Tourismus › S. 139 kann man ein bebildertes Hotelverzeichnis mit Preisen anfordern. Infos zu originellen Unterkünften sind im Special › S. 26 zu finden.

!! Das Preisniveau für Individualgäste ist sehr hoch. Wer längere Zeit an einem Ort bleiben möchte, fährt daher viel günstiger, wenn er ein Pauschalarrangement bei einem Veranstalter im Herkunftsland bucht.

Privatzimmer und Apartments

Wer bei Privatleuten ein Zimmer oder Apartment mietet, kommt preislich deutlich günstiger weg als in den Hotels. Ausstattung, Größe und Lage der Privatunterkünfte variieren natürlich sehr. Die Preise werden vom jeweiligen Tourismusverband nach Kategorien festgelegt. Man kann die Zimmer direkt anmieten oder sie sich von Reisebüros oder lokalen Tourismusämtern (TZG) vermitteln lassen.

Das Hotel Palace in Hvar

Ferienhäuser

Richtige Ferienhäuser werden in Kroatien bislang wenig angeboten; meist sind es Wohnungen, Haushälften oder Etagen, wo man mit den Vermietern unter einem Dach lebt. Ferienhäuser bietet an:

Villas Forum
52342 Svetvinčenat
Mobil-Tel. 099-818 1001
www.villasforum.com

Bauernhäuser und Stadthäuser Istriens findet man im Katalog des Istrischen Tourismusverbandes, den man bei der Kroatischen Zentrale für Tourismus › S. 139 erhält, oder im Internet: www.kompas-villas.com

Camping

Die Mehrzahl der über 200 Campingplätze Kroatiens sind von Mai bis September geöffnet. Eine rechtzeitige Buchung ist vor allem bei attraktiven Campinganlagen ratsam. In ihrer Ausstattung entsprechen sie internationalem Standard. Auch die Campingplätze sind durch ein Sterne-System kategorisiert.

Die Kroatische Zentrale für Tourismus › S. 139 versendet ein offizielles Verzeichnis der Campingplätze mit Preisangaben.

FKK-Anhänger finden an der Küste und auf den Inseln spezielle »Naturist«-Campingplätze, einer der schönsten Kroatiens mit extralangem Strandabschnitt ist der

Naturist park Koversada
Koversada, 52450 Vrsar › S. 48
Tel. 052/441 114][www.maistra.com

! Wild campen außerhalb der dafür vorgesehenen Plätze ist in Kroatien streng verboten und wird auch geahndet.

Die schönsten Hotels

Echt gut!

- Seebären und die es noch werden wollen, finden im **Hotel Kanajt** in Punat/Krk eine ideal gelegene Unterkunft mit maritimem Flair. › S. 64
- Erinnerungen an die k. u. k. Riviera pflegt das nostalgische Hotel **Miramar** in Opatija. › S.57
- Kühle Eleganz und raffinierter Luxus prägen das **Hotel Riva** in dem Städtchen Hvar. › S. 107
- Dubrovniks multikulturelle Vergangenheit erweckt das romantische Altstadthotel **The Pucić Palace** zum Leben. › S. 119
- Klein, exklusiv und familiär ist **Villa Vilina** auf der Elaphiteninsel Lopud. › S. 122

Special

Besuch beim Leuchtturmwärter

Ferien im Leuchtturm

Es gibt in Kroatien sehr individuelle und originelle Unterkunftsmöglichkeiten. So findet man z. B. an der Küste elf zu Ferienapartments ausgebaute Leuchtturmhäuser. Die meisten sind einige Kilometer von der nächsten Ortschaft entfernt und haben die Felsstrände direkt vor der Türe. Einer der Leuchttürme steht auf Porer an der Südspitze Istriens. Die kreisrunde, vegetationslose Insel mit nur 80 m Durchmesser liegt 1,5 Seemeilen vom Festland entfernt und ist ein beliebtes Domizil für Individualisten.

Wer sich für die ganz abgeschieden liegenden Leuchttürme wie Prišnjak (bei Murter) oder Palagruža (auf einer Klippe auf halbem Weg zwischen Kroatien und Italien) entscheidet, wird die Anwesenheit eines Leuchtturmwärters sicher begrüßen. Buchen kann man Unterkünfte in Leuchttürmen bei:

Riva Tours
Neuhauser Str. 27][80331 München
Tel. 0 89/2 31 10 00
www.kroatien-idriva.de

Die kroatische Toskana

Frei stehende Häuser in schöner Natur gibt es vor allem in Istrien, wo viele alte Bauernhöfe in urige Unterkünfte umgewandelt wurden. Stilvoll eingerichtet und hervorragend gepflegt, können diese *stancijas* durchaus mit **Landhäusern** in der Toskana oder Umbrien konkurrieren. Schöne, sorgfältig renovierte und familiengeführte Landhäuser in ganz Istrien vermittelt die Agentur:

Istrien Pur

Brkac bb][52424 Motovun

Tel. 052/681 518][Fax 681 519

www.istrien-pur.com

Eine große Auswahl istrischer Ferienhäuser auf dem Lande findet man auch auf der Website des Tourismusverbandes der Region: www.istra.hr

Freizeitkapitäne und Fischer

Der Kornaten-Nationalpark › S. 82 umfasst eine einzigartige Wasser- und Inselwelt. Auf den winzigen Eilanden lebten früher Fischer in einfachen Steinhäuschen – heute ziehen in den Ferienmonaten Touristen in die ländlichen Quartiere. Die Inseln werden regelmäßig von Versorgungsschiffen angelaufen, auf denen man alle benötigten Lebensmittel kaufen kann – schöner ist es jedoch, ein Boot zu mieten und selbst zum Shopping nach Murter zu tuckern. Fischerhäuser auf den Kornaten vermittelt das Reisebüro:

Murter-Kornati

Podvrtaje 21][22243 Murter

Tel. 022/436 544][Fax 022/436 545

www.murter-kornati.com

Individuell und familiär

Die Zahl kleiner privater Hotels und Pensionen ist in den letzten Jahren rasant gestiegen. Standard und Ausstattung unterscheiden sich sehr – der Gast kann zwischen 5-Sterne-Luxus und einfach-familiärer Ausstattung, zwischen modernstem Design und bäuerlichem Mobiliar wählen.

Die Kroatische Zentrale für Tourismus › S. 139 stellt die meisten dieser Unterkünfte in der informativen Broschüre »Kleine und Familienhotels« sowie auf ihrer Website vor: www.croatia.hr

Mondän wohnen wie anno dazumal kann man auch in Lovran, unweit des Seebads Opatija an der k. u. k. Riviera. Die Wohnungen in **Jugendstilvillen** sind geschmackvoll und mit allem erforderlichen Komfort ausgestattet und liegen direkt über der Uferpromenade. Informationen und Buchungsmöglichkeiten für die exklusiven Villen findet man bei:

Lovranske Vile

Viktora Cara Emina 11][51415 Lovran Tel. 051/294 400][Fax 294 589

www.lovranske-vile.com

Land & Leute

Steckbrief
Kroatien

Fläche: 56 414 km² Festland; 31 900 km² maritime Gebiete; 1185 Inseln
Bevölkerung: 4,5 Mio. Einw., davon 90 % Kroaten, 4,5 % Serben, 5,5 % sonstige Gruppen
Bevölkerungsdichte: 79 Einw./km²
Bruttoinlandsprodukt/Einw.: 14 457 € (2011)
Arbeitslosenquote: 14,9 % (2012)
Beschäftigungsstruktur: Landwirtschaft 5 %, Industrie 31 %, Handel und Dienstleistungen 63 %
Hauptstadt: Zagreb, 780 000 Einw.
Größte Städte: Split, 220 000 Einw.; Rijeka, 170 000 Einw.; Osijek, 110 000 Einw.
Höchste Erhebung: Berg Dinara bei Knin mit 1830 m
Währung: Kroatische Kuna, unterteilt in 100 Lipa
Landesvorwahl: 00385

Lage

Kroatien erstreckt sich zwischen den südöstlichen Ausläufern des Alpenhauptkamms im Nordwesten bis hin zur Pannonischen Tiefebene mit der Donau im Osten. Im Westen konzentriert sich die adriatische Küsten- und Inselregion, deren Breite in Richtung Süden deutlich abnimmt. Parallel dazu erhebt sich in Nordwest-Südost-Richtung das Dinarische Gebirge. Das Adriatische Meer bildet die Seegrenze zu Italien, bei der Landgrenze (2197 km) haben die 1990er-Jahre Kroatien eine ganze Anzahl von Grenznachbarn beschert: Bis auf Ungarn waren die heute autonomen Staaten Slowenien, Bosnien-Herzegowina, Serbien und Montenegro früher Teilrepubliken Jugoslawiens.

Politik und Verwaltung

Kroatien ist seit 1991 eine Republik, deren Parlament *(sabor)* alle vier Jahre neu gewählt wird, das Staatsoberhaupt wird in direkter Abstimmung vom Volk bestimmt. Bei den Parlamentswahlen im Dezember 2011 löste die aus vier Parteien bestehende sozialliberale „Kukuriku-Koalition“ die bisher regierende konservative, ehemalige Tudjman-Partei HDZ ab. Zum Premierminister wurde Zoran Milanović (SDP) gewählt. Staatspräsident ist seit 2010 der Sozialdemokrat Dr. Ivo Josipović. International setzte Kroatien den Willen zur Versöhnung durch seine Kooperation mit dem UN-Kriegsverbrechertribunal um. Seit April 2009 ist Kroatien Mitglied der NATO. Am 1. Juli 2013 soll der offizielle EU-Beitritt erfolgen.

Wirtschaft

Kroatiens Wirtschaft musste im Jahr 2009 einen Rückgang des Wachstums um knapp 6 % verkraften, ist aber 2010 und 2011 wieder leicht gewachsen.

Wichtigster Wirtschaftsfaktor an der Küste ist der Tourismus, wo schätzungsweise über drei Viertel der Bevölkerung direkt oder indirekt davon profitieren. In den letzten Jahren konnte der Tourismus kontinuierliche Zuwächse verbuchen, 2011 waren es 9,9 Mio. Urlaubsgäste aus dem Ausland, davon 1,66 Mio. aus Deutschland. Zusammen mit anderen Zweigen werden im Dienstleistungssektor über 69 % des Bruttoinlandsprodukts (BIP) erwirtschaftet.

Den anderen Sektoren fällt der Übergang von der Plan- zur Marktwirtschaft schwerer, ausländische Investoren sind noch eher zurückhaltend. Als problematisch gilt nach wie vor der Industriesektor, dessen Modernisierung nach teils schweren Kriegsschäden bei den Betrieben (Aluminium- und Stahlwerke, Raffinerien und Maschinenbau) auch durch Missmanagement hinterherhinkt. Insgesamt lag der Anteil der Industrie am BIP 2011 bei rund 25,5 %, während jener der landwirtschaftlichen Produktion auf 5,4 % sank.

Deutliche Ungleichgewichte gibt es in Kroatien bei der Außenhandelsbilanz, wo die Importe die Exporte weit übertreffen, sowie beim regionalen Wirtschafts- und Wohlstandswachstum, das sich deutlich auf die Küste und den Großraum Zagreb konzentriert.

Bevölkerung und Sprache

Demografisch passt Kroatien ins Bild der Vielvölkerregion Balkan, auch wenn zum überwiegenden Teil (90 %) Kroaten innerhalb der Landesgrenzen leben. Mehr als halbiert hat sich seit den 1990er-Jahren der Anteil der Serben, die heute noch 4,5 % stellen. Hinzu kommen noch kleinere Minderheiten wie Bosnier, Ungarn und Slowenen; mit Anteilen von jeweils unter 1 %.

Offizielle Landessprache ist das zur südslawischen Sprachfamilie gehörende Kroatisch, das je nach Region mit anderer Einfärbung gesprochen wird. An der Küste klingen viele italienische Lehnwörter aus der Sprachmelodie, gen Osten wird der weiche Singsang des Ungarischen spürbar, nach Süden hin der Einfluss des Serbischen. In den Touristenzentren ist eine Verständigung auf Deutsch oder Englisch möglich.

Geschichte im Überblick

Ca. 3000 v.Chr. Ausgrabungen bekunden die Besiedlung der Küstenregion im Neolithikum.

Um 1200 v.Chr. Einwanderung illyrischer Stämme aus Mitteleuropa, in Dalmatien siedeln die Delmaten.

Ca. 100 v.Chr. Rom erweitert sein Reich in den ostadriatischen Raum und kontrolliert bis 535 auch das Hinterland.

305 Kaiser Diokletian dankt ab und zieht sich in seinen Palast nach Salona (Split) zurück.

614 Awaren und Slawen zerstören Salona, die Hauptstadt der römischen Provinz Dalmatien. Die slawische Besiedlung des Balkans dauert bis ins 8. Jh.

925 Tomislav, erster Herrscher Kroatiens, vereint Pannonien und Dalmatien zu einem Königreich.

Ab 1000 Die Seehandelsrepublik Venedig beginnt mit der Unterwerfung Dalmatiens.

1102 Tod des letzten kroatischen Königs Petar Svačić. Vereinigung des Reiches mit Ungarn.

1204 Ende der byzantinischen Herrschaft über Dubrovnik, das fortan einem venezianischen Gouverneur untersteht.

1353–1391 Der bosnische König Tvrtko erobert Süddalmatien bis Split.

1493 Die Türken unterwerfen Teile von Kroatien.

1537 Die Osmanen bedrängen das unter venezianischer Herrschaft stehende Dalmatien.

1573 Österreich schlägt den Aufstand kroatischer Bauern unter Matija Gubec nieder.

1699 Im Frieden von Karlowitz fällt Südkroatien an Österreich.

1797 Napoleon löst im Frieden von Campoformio die Republik Venedig auf, Istrien und Dalmatien fallen an Österreich.

1805 Dalmatien gerät unter französische Oberhoheit.

1815 Fast ganz Kroatien wird Teil der k. u. k.-Monarchie.

1918 Kroatien wird Teil des Königreichs der Serben, Kroaten und Slowenen (SHS).

1929 König Alexander (1934 ermordet) proklamiert das Königreich Jugoslawien.

1941 Nach dem Beitritt Jugoslawiens zum Dreimächtepakt entsenden Italien, Deutschland und Ungarn Truppen auf den Balkan. Unter Ante Pavelić, dem Führer der faschistischen Geheimorganistion Ustaša, entsteht der – von Hitler und Mussolini geduldete – »Unabhängige Staat Kroatien«.

1944 Josip Broz Tito organisiert den erbitterten Partisanenkampf gegen die deutsche Besatzung.

1945 Nach dem Sieg der Volksbefreiungsarmee werden Kroatien und Slowenien als Sozialistische Republiken unter dem Staatspräsidenten Josip Broz Tito wieder Teile Jugoslawiens.

1979 Ein starkes Erdbeben beschädigt Dubrovniks historisches Zentrum schwer.

1980 Nach Titos Tod zeichnet sich eine Neuordnung des politischen Systems auf dem Balkan ab.
1990 Freie Wahlen in Slowenien, Kroatien und Serbien. Annahme der neuen kroatischen Verfassung.
1991 In einem Referendum votieren 93,2 % der Bevölkerung für ein souveränes Kroatien. Das Land erkärt sich daraufhin für unabhängig.
1992 Schwere Artillerieangriffe auf Dubrovnik Ende Mai. Im Sept. befreit die kroatische Armee Cavtat im äußersten Süden.
1995 Kroaten erobern von den Serben die Krajina im Hinterland der Adriaküste zurück. Unterzeichnung des Friedensabkommens von Dayton am 21. Nov.
1999 Kroatiens umstrittener Präsident Franjo Tudjman stirbt.
2003 Kroatien beantragt seine Aufnahme in die EU.
2007 Bei den Parlamentswahlen schlägt Ivo Sanader (HDZ) knapp die Sozialdemokraten (SDP). Mit dem Beitritt Sloweniens und Ungarns zum Schengen-Abkommen wird Kroatien EU-Außengrenze.

Die Altstadt von Dubrovnik

2010 Dr. Ivo Josopić gewinnt die Präsidentenwahl. Kroatien und Slowenien stimmen dem internat. Schiedsspruch im Grenzstreit um die Bucht von Piran zu.
2011 Nach den Parlamentswahlen im Dezember wählt die sozialliberale „Kukuriku-Koalition“ Zoran Milanović (SDP) zum Premierminister. Ex-General Ante Gotovina wird in Den Haag wegen Verbrechen gegen Serben in der Krajina zu 24 Jahren Haft verurteilt.
2013 Am 1. Juli wird Kroatien der 28. Staat der EU.

Natur und Umwelt

Geografische Gliederung

Landschaftliche Vielfalt prägt das Erscheinungsbild Kroatiens, ein großer Teil davon wird vom Karst geformt › S. 35. Beginnend im äußersten Nordwesten, erstreckt sich die tropfenförmige Halbinsel Istrien mit ihren fruchtbaren Böden, ihrer hügeligen Landschaft mit mediterraner Vegetation und den auf Hügelkuppen thronenden mittelalterlichen Städtchen. Südöstlich anschließend öffnet sich der Kvarner Golf mit den großen, vorgelagerten Inseln Cres, Lošinj, Rab und Krk.

In Richtung Süden erstreckt sich ein stetig schmaler werdender Küstenstreifen bis ins Konavle-Tal südöstlich von Dubrovnik. Ihm vorgelagert sind 1200 Inseln unterschiedlichster Größe und Gestalt – Überbleibsel eines vor etwa 12 000 Jahren überschwemmten Festlandstreifens, dessen Täler nun als Wasserstraßen dienen. Ein schmaler Korridor führt von der Küstenregion nordöstlich von Senj hinüber nach Zentralkroatien, das mit der Flusslandschaft der Podravina und Posavina weit nach Osten ausgreift. Das Land wurde von den Sedimentablagerungen großer Flüsse wie der Kupa, der Drava und der Sava gebildet und wird intensiv landwirtschaftlich genutzt. Die Landschaften um die Hauptstadt Zagreb sind geprägt von Hügeln und Bergen, aus denen im Hrvatsko Zagorje (»Land hinter den Bergen«) um den Stadtberg Medvednica auch Thermalquellen sprudeln. Nach Südosten schließt sich das Pannonische Becken an, die flach-hügelige Kornkammer Slawonien mit ihren endlosen Maisfeldern und Eichenwäldern.

Als Wasser- und Klimascheide zwischen Ost- und Westkroatien erhebt sich parallel zur Küste das mächtige Dinarische Gebirge, das mit seinen schroffen, karstigen Flanken die Adriaregion vor kalten Winden aus dem Nordosten schützt.

Fauna und Flora

In der adriatischen Region von Umag im Norden bis Čilipi im Süden dominiert mediterrane Vegetation wie Zedern oder Zypressen. Die verkarsteten Gebiete sind von Macchia überzogen, wo im Kalkgestein Erde und Platz zum Wurzeln ist, wachsen auch Steineichen, Pinien und Aleppo-Kiefern. In Istrien ziehen sich besonders an der milden Ostküste ganze Kastanienwälder die Hänge der Küstenberge empor, im Dinarischen Gebirge finden sich in den Tieflagen noch größere Waldgebiete mit Eichen, die mit zunehmender Höhe von Buchen und Kiefern abgelöst werden, wie im küstennahen Gorski Kotar oder um die Plitwitzer Seen. Der größte Teil Ostkroatiens zwischen Save und Drau wird intensiv landwirtschaftlich genutzt, sodass Wald- von Agrarflächen immer mehr zurückgedrängt wurden.

Das Dinarische Gebirge ist heute noch Rückzugsraum von Großwild wie Braunbär, Wolf, Luchs und Mufflon sowie von Greifvögeln wie Stein- und Schlangenadler. Auf der Insel Cres kann man mit Glück sogar Gänsegeier beobachten. Vielfältig ist die Reptilienwelt an der Adria (Eidechsen, Geckos, Schildkröten, Nattern, Ottern), das größte Säugetier dieser Region lebt im Wasser: Es sind die Delfine, die heute unter strengem Naturschutz stehen.

Die kroatische Adria ist sauber und artenreich, Korallen und Schwämme in rotgoldener Pracht besiedeln die Felsen, und dazwischen tummeln sich Doraden, Kraken und Zackenbarsche. Haie, die es in der Adria ebenfalls gibt, bekommt man nur selten zu Gesicht.

Fabellandschaft Karst

Zwischen Triest und Ljubljana beginnt mit dem Dinarischen Gebirge ein Ausläufer der Alpen, der Istrien und Dalmatien als natürliche Barriere vom restlichen Kroatien trennt. Aus der Entfernung erscheinen die mächtigen Rücken der zergliederten Gebirgszüge grau, öd und abweisend. Aus der Nähe enthüllen sie jedoch einen ganz eigenen Reiz. Das Zauberwort, das diese schroffen Landschaften formt, heißt Karst. Der Begriff leitet sich von *kras,* dem slowenischen Namen der Hochebene oberhalb des Golfes von Triest, ab.

Der Entstehungsprozess von Karstlandschaften beruht auf chemischer Verwitterung. Mit Kohlensäure angereichertes Regenwasser greift nicht nur das ungeschützte Oberflächengestein an und modelliert es zu seltsamen Formen. Es sickert auch in das poröse Kalkgestein, gelangt durch Spalten und Erdrisse in die Tiefe und wäscht verborgene Hohlräume aus. Wenn die Erdoberfläche darüber einbricht und trichterförmige Vertiefungen entstehen, nennt man diese Dolinen, wenn sie größer und steilwandiger sind, Poljen. Andere Formen der Karstlandschaften sind sogenannte Karrenfelder, steinerne Wüsten aus bizarr gerillten und gezackten Felsen.

Berühmtestes Karstphänomen sind die Höhlen und Grotten, von denen nur die wenigsten für Besucher zugänglich sind. Die fast vegetationslosen Karstflächen, auf denen nur noch Schaf- und Ziegenzucht möglich ist, sind meist das Ergebnis menschlichen Raubbaus: Von der Antike bis in die venezianische Ära wurden die Bergflanken abgeholzt, um Baumaterial und Brennholz zu gewinnen. Kein Wunder, dass dieses unzugängliche Bergland weitgehend ursprünglich geblieben ist.

Buch-Tipp Der Faszination dieser Landschaft widmet sich das Bändchen **Europa erlesen: Karst**, Hrsg.: Lojze Wieser, Wieser Verlag, Klagenfurt 1997.

Geschützte Natur und Naturschutz

Von den acht Nationalparks schützen vier – Risnjak, Paklenica, Nordvelebit und die Plitwitzer Seen – Berggebiete, drei – Kornaten, Mljet und Brijuni – Areale um Inseln und der achte einen Abschnitt des Krka-Flusses bei Šibenik. Ausgewiesene Naturschutzgebiete sind unter anderem die Insel Lokrum vor Dubrovnik, mehrere kleine Eilande in der Nähe der Insel Vis, auf denen die geschützte Schwarze Eidechse vorkommt, und die Blaue Grotte (Modra špilja) auf der Insel Biševo bei Vis, ein Rückzugsgebiet der letzten Mönchsrobben der Adria.

Wie sauber das Wasser der kroatischen Adria ist, belegen die 106 mit der Blauen Flagge ausgezeichneten Strände (www.blueflag.org).

Kunst und Kultur

Architektur zwischen Rom und Habsburg

Mauerreste illyrischer Fluchtburgen gehören zu den ältesten Architekturzeugnissen Kroatiens. Mit der Eroberung durch die Römer im 2./3. Jh. n. Chr. begann eine neue Ära, deren eindrucksvollste Zeugnisse der Diokletian-Palast in Split und das Amphitheater in Pula sind.

Ab dem 11. Jh. kamen viele Küstenstädte durch florierenden Seehandel zu Wohlstand, dementsprechend repräsentativ wurde gebaut: In Zadar schufen im 12./13. Jh. fleißige Hände mit der Kathedrale St. Anastasia (Sveta Stošija) ein grandioses romanisches Gotteshaus. Die Zeit des Überganges von der Spätgotik zur Renaissance war wesentlich geprägt durch den Architekten und Bildhauer Juraj Dalmatinac (etwa 1420–1473). Sein Nachfolger als Dombaumeister in Šibenik war Nikola Firentinac (etwa 1440–1505), zu dessen schönsten Werken die Kapelle des hl. Johannes in der Kathedrale von Trogir gehört.

Während die Küstenregion florierte, ächzte das Binnenland unter der Bedrohung und dem Joch des Osmanischen Reiches. In Zentralkroatien wurden Festungsanlagen gebaut, wie die Festung Karlovac (16. Jh.) mit dem Grundriss eines sechszackigen Sterns. Erst als man die Türken 1699 endgültig zurückgedrängt hatte, erlebte das Land eine Phase des Aufschwungs. Im Stil des österreichischen Barock wurden Klöster, Kirchen und Paläste errichtet, in den Altstädten von Zagreb und Varaždin ist die verspielte Architektur noch heute das dominierende Element.

Bildhauerei und Malerei

Die Bearbeitung von Stein und Marmor beherrschte Meister Radovan perfekt: Sein 1240 gestaltetes Hauptportal der Kathedrale von Trogir mit Bibelszenen und Monatsdarstellungen gehört zu den bedeutends-

Der berühmte Totentanz in der Kirche Sv. Marija na Škriljinah bei Beram

ten Werken europäischer Bildhauerkunst des Mittelalters. Als Architekt und als Bildhauer tat sich Juraj Dalmatinac aus Zadar hervor, sein Meisterwerk ist der Jakobsdom von Šibenik. Ein weiterer renommierter Bildhauer war der Dalmatinac-Schüler Andrija Aleši, der 1467 für die Laurentius-Kathedrale in Trogir eine viel beachtete Taufkapelle schuf.

Erst im 20. Jh. machte ein kroatischer Bildhauer wieder international von sich reden: Ivan Meštrović (1883–1962), bekannt vor allem durch seine Indianer-Skulpturen in Chicago.

Eines der originellsten Zeugnisse der Malerei sind die Totentanzfresken im Kirchlein Sv. Marija im istrischen Beram, die 1474 vom Meister Vinzenz von Kastav angefertigt wurden.

Im 19. Jh. brachte es der dem Realismus verpflichtete Juraj Pavloviç in erster Linie mit seinen Porträtmalereien zu Rang und Namen. Die heimatliche Landschaft des Zagorje bildete Ljubo Babiç (1890–1974) ab. Weit über die Grenzen Kroatiens hinaus wurde Ivan Generalić (1914–1992) mit seiner Naiven Malerei (Schule von Hlebine › rechts) bekannt.

Schule von Hlebine

Vom Kuhhirten zum weltbekannten Künstler – eine solche Karriere hatte der angesehene Maler Krsto Hegedušić wohl nicht vermutet, als er Ivan Generalić (1914–1992) und Franjo Mraz (1910–1981) aus seinem Heimatdorf Hlebine 1930 ermutigte, ihre Bauernalltags-Malerei auszustellen. Generalić, der Talentiertere, wurde bald berühmt und gründete mit Mraz und dem Maler Mirko Virius die Schule von Hlebine. Die fröhlichen Bilder in kräftigen Farben, viele auch hinter Glas, besitzen einen kindlichen Reiz, von dem man sich in der Galerie von Hlebine › S. 137 oder im Museum für Naive Kunst in Zagreb › S. 128 verzaubern lassen kann.

Literatur

Das älteste Dokument in kroatischer Sprache ist eine auf der Insel Krk gefundene Urkunde: Die Tafel von Baška (um 1100) ist in glagolitischer Schrift verfasst, die vermutlich Missionare im 9. Jh. entwickelten, um das Christentum unter der südslawischen Bevölkerung zu verbreiten.

Bis Mitte des 19. Jhs. war Kroatisch die Sprache der Landbevölkerung, während die Städter sich Italienisch, Deutsch oder Ungarisch unterhielten. Erst nach und nach wurde die kroatische Sprache, nicht zuletzt unter dem Einfluss des Zagreber Romanciers August Šenoa (1838–1881), wieder salonfähig.

In der kroatischen Literatur des 20. Jhs. spielen zwei Autoren eine Hauptrolle: Vladimir Nazor (1876–1949) von der Insel Brač leitete viele seiner Werke aus Mythen seines Landes ab, der Zagreber Miroslav Krleža (1893–1981) tat sich als Erzähler, Lyriker und Dramatiker hervor. Der aus Split stammende Nedjeljko Fabrio (geb. 1937; »Das Haar der Berenice«) gilt als begabtester zeitgenössischer Autor.

Buch-Tipp **Literarisch reisen: Istrien:** Gedanken, Phantasien, Erinnerungen zeitgenössischer Autorinnen und Autoren, Drava Verlag, 2008.

Musik und Tanz

Die reiche Volkskultur Kroatiens ist besonders auf den dalmatinischen Inseln noch sehr lebendig – speziell auf der Insel Korčula, wo der Schwerttanz *moreška* und der Säbeltanz *kumpanija* eine lange Tradition besitzen › S. 111. Beim Schwerttanz, in dem zwei Gruppen von Tänzern die türkischen Invasoren und die dalmatinischen Verteidiger darstellen, wird der historische Bezug besonders deutlich. Bei solchen Aufführungen spielen Instrumente wie die gitarrenähnliche Tamburica, Trommeln und der Dudelsack, Trachten und Gesänge eine tragende Rolle.

Feste und Veranstaltungen

Die Kroaten feiern gerne und nutzen jede Gelegenheit zum Volksfest, bei dem es stets reichlich zu essen und zu trinken gibt. Neben den Folklorefesten und den vorrangig für Touristen organisierten Sommerfestivals finden aber auch zahlreiche ambitionierter Kulturevents statt.

Festkalender

Februar: **Karneval** von Rijeka mit fröhlichem Umzug.

Juni/Juli: **Internationales Kinderfest** in Šibenik mit Puppentheater, Theateraufführungen und Filmen.

Festival der Unterhaltungsmusik in Split.

Zagreb-Festival mit Volksmusik, Klassik, Jazz, Pop, Theater, Tanz.

Juli/August: Unzählige Feste der Fischer, des Meeres oder der Inseln – kurzum, jeder Küstenort findet einen Anlass, Einheimische und Gäste mit Musik und Tanz, mit Feuerwerk, Spanferkel und reichlich fließendem Wein zu unterhalten.

Sommerfestival in Osor/Cres mit klassischer Musik.

Histria-Musikfestival in der Arena von Pula.

Sommerfestival in Split mit Musik, Theater und Ballett.

Musikabende in St. Donat in Zadar mit klassischer und religiöser Musik.

Dubrovnik-Sommerfestival mit Kulturprogramm an diversen historischen Spielstätten.

Musikfestival in Omiš mit den traditionellen *klapa*-Gesängen.

August: **Uskoken-Ritterspiele** auf einer Freilichtbühne in Sinj.

Schwert- und Säbeltänze auf Korčula.

September/Oktober: **Barocke Musik** in Kirchen und Palästen in Varazdin.

Oktober/November: **Marunada** in Lovran mit Spezialitäten rund um die Kastanie.

! Aktuelle Veranstaltungshinweise nach Region und Destination geordnet findet man auf der Website der Kroatischen Zentrale für Tourismus: www.croatia.hr

Echt gut!

Die schönsten Feste und Festivals

- Ein vielseitiges Musikprogramm von Aida bis Zucchero im römischen Amphitheater können Sie beim **Histria Festival** in Pula erleben. › S. 53
- Ganz melancholisch ums Herz wird's den Zuhörern beim **Klapa-Festival** in Omiš. › S. 102
- Wie Dalmatiner und Türken sich schlugen, erweckt das farbenfrohe **Moreška-Ritterspiel** auf Korčula zum Leben. › S. 113
- Beim **Dubrovnik-Sommerfestival** kommt in historischem Ambiente ein großes Repertoire zur Aufführung – sei es Musik, Theater, Performances… › S. 118

Essen und Trinken

Dass die kroatische Küche oft auf Čevapčići und Ražnići reduziert wird, ist schade. Denn man findet weitaus Delikateres als Hackfleischröllchen und Fleischspieße, wobei die Küche Istriens und Dalmatiens mehr von Italien beeinflusst ist, jene Mittelkroatiens von Österreich und Ungarn.

Vom Restoran zur Konoba

Restoran bzw. Restauracija kennzeichnet meist Speiselokale der gehobenen Kategorie, ein Riblji Restoran ist ein Fischrestaurant. Eine Konoba ist ein Gartenlokal oder ein Weinkeller, wo meist deftige Küche, aber auch Fisch vom Holzgrill aufgetischt wird. Weitverbreitet ist die Gostiona bzw. Gostionica, ein kleineres familiäres Gasthaus, in dem man landestypisch essen und trinken kann. Kavanas sind Cafés, ein Bife ähnelt einem Stehimbiss bzw. Bistro, und eine Slastičarna ist eine Eisdiele.

Jelovnik – die Speisekarte

Feiner, luftgetrockneter Schinken *(pršut)* und kräftiger Käse aus Schafsmilch von der Insel Pag *(pašji sir)* sind die beiden Standard-Vorspeisen. Beliebt sind auch die Gemüsesuppe *maneštra* und der aus Italien stammende Risotto – mit grünem Spargel, Trüffeln, Pilzen oder mit Meeresfrüchten angereichert.

Zu diesen Gaumenfreuden aus dem Meer zählen Hummer *(jastog)*, Garnele *(račići)*, Zahnbrasse *(zubatac)*, Drachenkopf *(skarpin)*, Thunfisch (tuna), Tintenfisch *(lignja)*, Makrele *(skusa)*, Meeräsche *(cipal)*, Goldbrasse *(komarca)* sowie Austern *(ostrige)* und Miesmuscheln *(dagnje)*. Fleisch wird in Istrien gerne als deftiges Gulasch mit Kartoffelklößchen *(njoki)* serviert oder auf Holzkohle gegrillt. In den istrischen Bergstädtchen wiederum gibt's im Herbst viele Wildgerichte, dazu Pfifferlinge, Steinpilze oder Trüffel aus den Wäldern um Motovun. Eine Spezialität von Cres ist Lamm *(jagnja)*, das mit

Echt gut! Die besten Restaurants

- Feine istrisch-italienische Küche mit Blick über die kroatische Toskana serviert das **Restaurant des Landhotels San Rocco.** › S. 51
- Kroatisches Sushi gefällig? Dann rechtzeitig bei **Damir & Ornella** in Umag reservieren! › S. 51
- Das »goldene Fischchen« **Zlatna Ribica** bei Šibenik steht für hervorragende frische Fisch- und Meeresfrüchte-Gerichte. › S. 84
- Frischester Fisch wird im romantischen **Zlatna Školka** in Hvar-Stadt aufgetischt. › S. 107
- Mediterran und romantisch sind Küche und Atmosphäre in Dubrovniks Nobelrestaurant **Atlas Club-Nautika.** › S. 119

den aromatischen Kräutern der Insel gewürzt auf den Tisch kommt. Zu Fisch und Fleisch wird häufig Mangold mit Knoblauch gereicht.

In Mittelkroatien wandern Geflügelbraten mit *mlinzi,* einer Beilage aus gebackenem Nudelteig, auf den Festtagstisch. *Paprikaš* ist ein Gulasch aus Schweinefleisch und viel rotem Paprika, Süßwasserfische werden gegrillt oder gedünstet mit Salzkartoffeln serviert. Und als süßen Nachtisch gibt's *palačinke,* Pfannkuchen mit Schokoladen- oder Nussfüllung, und *štrukli,* zuckersüße mit Quark gefüllte Strudelteigtaschen.

Vino und Pivo

Opolo, Plavac, Dingač und Postup sind schwere Rotweine, die es in sich haben. Die beiden Letzteren stammen vor allem von der Halbinsel Pelješac › S. 110. Ein herber, erdiger Tropfen ist der rote Teran aus Istrien. An Weißweinen kredenzt man häufig Žlahtina, Posip, Kujundzusa, Grk oder den istrischen Malvazija – als trockener besonders gut zu Fisch, Lamm und Geflügel, süß ein leckerer Dessertwein. Ein feiner Welschriesling ist der slawonische Graševina. Das einheimische Bier *(pivo)* braucht sich hinter ausländischen Sorten nicht zu verstecken.

Shopping

Beliebte Souvenirs sind Lederwaren, Kristall und Porzellan sowie Keramikarbeiten, Spitzendecken und Duftkissen mit Lavendel oder Rosmarin. Filigranschmuck (vor allem aus Silber), der in Läden mit dem Schild »Filigran« oder »Zlatar« angeboten wird, eignet sich ebenfalls als Mitbringsel.

Gourmets schwärmen vom luftgetrockneten Schinken, dem Käse der Insel Pag und den Weinen aus Istrien, Slawonien oder Dalmatien. Auch Zwetschgen- und Kräuterschnaps sind begehrt.

In den Galerien der Künstlerstädtchen Grožnjan › S. 50 und Hlebine › S. 37/137 findet man mit etwas Glück Werke talentierter Maler zu günstigen Preisen.

Echt gut!

Die besten kulinarischen Souvenirs

- Istrische Trüffel, Trüffelöl und andere Naturprodukte bietet **Zigante Tartufi** in Livade feil. › S. 56
- Beste Honige, Öle und Schnäpse erhält man beim Bio-Erzeuger **Natura Rab** im Inselort Barbat. › S. 67
- Pag ist bekannt für den aromatischen **Schafskäse** *(paški sir),* den viele Inselgeschäfte führen. › S. 73
- Im Museumsdorf Škrip bekommt man den berühmten **Salbeihonig von Brač.** › S. 101
- Hervorragende **Weine** werden auf Pelješac gekeltert, Reisende können sie an der neuen Weinstraße verkosten und kaufen. › S. 110

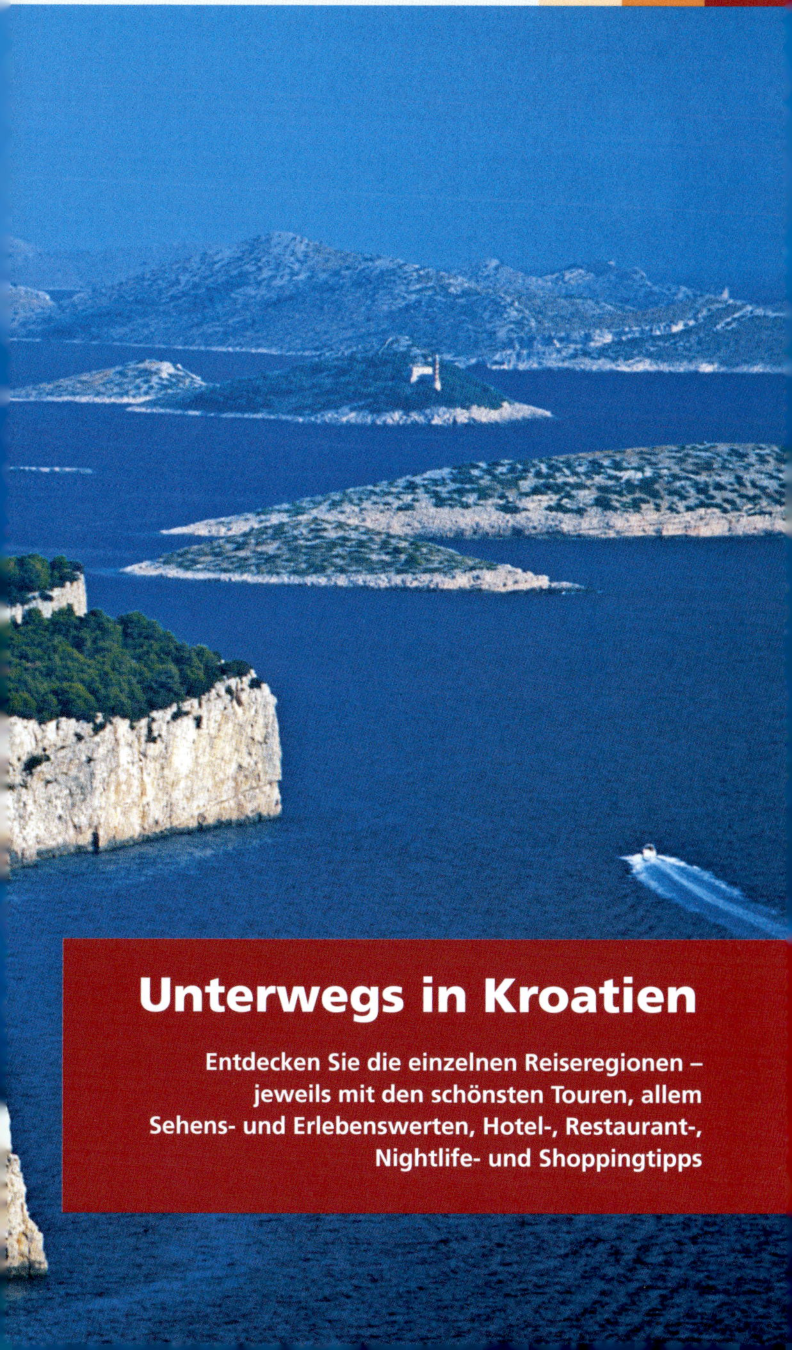

Unterwegs in Kroatien

Entdecken Sie die einzelnen Reiseregionen – jeweils mit den schönsten Touren, allem Sehens- und Erlebenswerten, Hotel-, Restaurant-, Nightlife- und Shoppingtipps

Istrien und Kvarner

Nicht verpassen!

- Ein romantischer Abend im Valentino in Rovinj
- Ein Besuch im Künstlerstädtchen Grožnjan
- Spaziergang am Lungomare von Lovran nach Opatija
- Wanderung im Risnjak-Nationalpark
- Schnuppertauchen auf Krk

Karte Seite 46

Zur Orientierung

An der Küste grauweiße Felsbuchten und Kiesstrände, beschattet von Kiefern und eingerahmt vom türkisfarbenen adriatischen Meer, malerische venezianische Hafenstädtchen und die kulturellen Highlights **Poreč** und **Pula.** Im Landesinneren von Wehrmauern gekrönte Hügel, tiefgrüne Reihen von Weinreben und fruchtbare rote Erde: Die tropfenförmige **Halbinsel Istrien** hat sehr unterschiedliche Gesichter und Reize: Badeurlauber finden hier herrliche Buchten, komfortable Hotelanlagen, bestens ausgestattete Campingplätze – und stets ist ein Ort in der Nähe, dessen Restaurants zum Schlemmen istrischer Spezialitäten einladen. Straßenmärkte und Boutiquen locken zum Einkaufsbummel, und im Sommer sorgen Musikfestivals von Klassik bis Pop für Unterhaltung. Wer das ruhigere, ländliche Leben bevorzugt, kann wenige Kilometer landeinwärts in istrischen Gutshöfen wohnen, Fahrrad- oder Wandertouren unternehmen und die vielen historischen Städtchen und Kirchen erforschen. Zum Meer ist's meist nur ein Katzensprung.

Durch hohe Berge vor kalten Winden geschützt, besitzt der Küstenstrich zwischen Lovran und Opatija, bekannt als **k. u. k. Riviera,** ein besonders mildes

Die malerische Altstadt von Rovinj

Brücke zur Insel Krk

Klima und üppige Vegetation. Kastanien, Palmen, Oleander und Steineichen werfen ihre Schatten über die Felsküste mit winzigen Badebuchten. Hier verbrachte Europas Adel Anfang des 20. Jhs. die milden Wintermonate; heute erstrahlen die restaurierten Villen und Hotels in nostalgischem Glanz. Im Hinterland führen schöne Wanderwege durch die Wälder des **Učka-Massivs** und des **Risnjak-Nationalparks.**

Die Riviera gehört bereits zur **Kvarner Bucht,** einem Küstenstreifen, der nach Süden bis Senj reicht und mehrere Inseln mit einschließt. Mildes Klima, glasklares Meer, eine Festlandsküste mit flach abfallenden Kiesstränden und die Inseln Cres, Lošinj, Krk und Rab, eine jede mit ganz eigenem Gesicht, erwarten die Feriengäste. Crikvenica und Novi Vinodolski auf dem Festland sind hübsche, lebhafte Badeorte mit historischen Wurzeln. Die Insel **Cres** trägt ein karges Gewand aus Macchia. Wanderwege führen durch die alte Kulturlandschaft mit ihren von Steinmauern gesäumten Feldern und steil hinunter zu einsamen Felsbuchten. **Lošinj,** das südlich anschließt, ist üppig bewachsen und besitzt ruhige, geschützte Strände wie die Čikat-Bucht, in der auch kleine Kinder getrost planschen können.

Auch **Krk** ist eine grüne Insel mit zahlreichen Badebuchten und dem beliebten Sand-/Kiesstrand von Baška. Die größte und modernste Marina Kroatiens finden Skipper in Punat. Den besonderen Strömungsverhältnissen verdankt die Nachbarinsel **Rab** die einzigen richtigen Sandstrände des Kvarner. Ihr Wahrzeichen sind die vier hintereinander gestaffelten Kirchtürme.

—(3)— **Weinberge und Wehrstädtchen: Istriens Binnenland** **Buje › Vodnjan › Barban › Žminj › Sv. Petar v Šumi › Pazin › Hum › Roč › Buzet › Motovun › Grožnjan › Buje**

—(4)— **Auf venezianischen Spuren: Istriens Westküste** **Umag › Novigrad › Poreč › Rovinj › Fažana › Pula**

Touren in der Region

Weinberge und Wehrstädtchen

③ Buje › Vodnjan › Barban › Rabac › Žminj › Sv. Petar v Šumi › Pazin › Hum › Roč › Buzet › Motovun › Grožnjan › Buje

Länge: 2 Tage, 215 km
Praktische Hinweise: Auch wenn es vorrangig eine Tour im Landesinneren ist, vergessen Sie die Badesachen nicht: Am Ende vom ersten Tag geht es an den Strand.

Bergauf und bergab durchs istrische Landesinnere führt diese abwechslungsreiche Tour zu Wehrstädtchen, rustikalen Konobas und Weingütern. Von ***Buje** › S. 50 geht's auf der Schnellstraße bis **Vodnjan.** In der Kirche Sv. Blaž des hübschen Örtchens wird Gruseliges gehütet: Die mumifizierten Leichen dreier Heiliger aus dem 12.–15. Jh. sind die Attraktion des Kirchenschatzes, zu dem auch zahlreiche Reliquien gehören. Kurz vor ****Pula** › S. 53, zu dem Sie hier einen Abstecher machen können, führt die Tour nach Nordosten in Richtung Labin weiter. Auf schmalen Serpentinen gelangen Sie nach **Barban,** bekannt für seine mittelalterlichen Ritterspiele im August. Viele Palazzi stammen hier aus dem Barock, in den Kirchen finden sich glagolitische (altkroatische) Inschriften. Die erste Tagesetappe kann man mit einem erfrischenden Bad in der Bucht von **Rabac** › S. 56 beschließen.

Am folgenden Tag ist **Žminj** mit seiner gut erhaltenen Wehrmauer und gotischen Kapellen erster Anlaufpunkt. Die Straße führt durch Äcker und Weinreben nach **Sv. Petar v Šumi,** malerisch zwischen den grünen istrischen Hügeln gelegen. Hauptattraktion ist sein stilles Kloster aus der Frührenaissance, die spätbarocke Kirche Sv. Petar besitzt eine reiche Innenausstattung.

Das Kastell von ***Pazin** › S. 55, einige Kilometer weiter, soll Jules Verne als Vorbild für seinen Roman »Matthias Sandorf« gedient haben. **Hum** › S. 55 mit seiner beliebten Konoba und **Roč** sind winzige Weiler mit langer Historie; die »Allee der Glagoliter« zwischen den beiden Orten erinnert mit modernen Skulpturen an die altkroatische Kirchenschrift.

Buzets Altstadt liegt auf einem Hügel am Fuß der Čičarija-Hochebene, Istriens bestem Startpunkt für Paraglider. Zwei Stadttore aus dem 16. Jh. führen ins historische Zentrum mit der Marienkirche, der Loggia, mehreren Adelspalästen und einem Barockbrunnen.

Über **Istarske Toplice,** ein Kurbad, dessen beste Jahre Geschichte sind, erreichen Sie das Städtchen **Motovun** › S. 55 auf einem 277 m hohen Hügel über dem Mirnatal. Letzte Station ist der Künstlerort **Grožnjan** › S. 50. In **Buje** sind Sie dann am Ausgangspunkt angekommen.

Auf venezianischen Spuren

(4) Umag › Novigrad › Poreč › Rovinj › Fažana › Pula

Länge: 2 Tage, 120 km
Praktische Hinweise: Jede Stadt hat ihr besonderes Flair, weshalb man Zeit für einen Stadtbummel ebenso einplanen sollte wie ein, zwei Stunden am Meer zur Erholung zwischendurch.

Auf dieser Tour begegnet man immer wieder Küstenstädtchen mit venezianischem Erbe aus der langen Ära der Serenissima auf Istrien. Start ist in ***Umag** › S. 50 ganz im Norden, dessen Altstadt sich auf einer schmalen Landzunge drängt. Wenige Kilometer südlich liegt ***Novigrad** › S. 50 mit einer imposanten venezianischen Stadtmauer. Römer gründeten *****Poreč** › S. 49 auf einer Halbinsel, Byzanz schenkte der Stadt eine wunderbare Basilika, Venedig die gotischen Stadthäuser und bosnischen Zuckerbäckern ist das beste Eis Istriens zu danken – lassen Sie sich von den bonbonbunten gelati-Auslagen in der Altstadt verführen! Der erste Tag klingt an der Grünen Lagune aus, dinieren können Sie im einfachen, aber guten Restaurant »Zlatna Ribica«.

An der Küste entlang, vorbei an kleinen Badeorten wie **Funtana** und **Vrsar,** geht's am zweiten Tag weiter nach Süden bis zum tiefen, schmalen Einschnitt des ***Limski kanal** › S. 52. Eine Straße umfährt ihn in einem weiten Bogen landeinwärts und kehrt bei ****Rovinj** › S. 51 an die Küste zurück. In den Gassen des venezianischen Musterstädtchens kann man herrlich bummeln. Freeclimber zieht es an die Felsen des venezianischen Steinbruchs am **Zlatni Rt.**

Über **Bale** und **Vodnjan** erreichen Sie erneut die Küste beim hübschen Städtchen **Fažana** › S. 54, von dem aus Sie eine Bootstour auf die Insel **Veli Brijuni** › S. 54 unternehmen können.

Allerdings lockt schon das nahe ****Pula** › S. 53, Endstation der Tour, mit seinem römischen Amphitheater, seiner venezianischen Altstadt und seinen Habsburger Festungsanlagen – alle Eroberer haben hier, an der strategisch so wichtigen Südspitze Istriens, ihre Spuren hinterlassen!

Verkehrsmittel

Es gibt Busverbindungen zwischen den Städten, teils auch auf die Inseln, kleinere Orte werden aber nur selten angefahren. Am bequemsten und unabhängigsten reist man mit dem eigenen Fahrzeug. In der Hochsaison muss allerdings mit Wartezeiten an den Fähranlegern und mit Staus rund um die beliebten Badeorte gerechnet werden. Fähren zu den Inseln fahren im Sommer je nach Passagieraufkommen teils ohne Pause. Außerhalb der Saison ist der Fahrplan eingeschränkt, einige Linien fallen sogar ganz weg. Informieren Sie sich deshalb vorab auf www.jadrolinija.hr oder bei den Tourismusbüros vor Ort.

Unterwegs in Istrien und Kvarner

***Poreč 1

Der alte Ortskern der 11 000-Einwohner-Stadt breitet sich auf römischen Fundamenten auf einer Halbinsel aus. Der ehemalige Decumanus, die zum Forum führende römische Hauptstraße, heißt auch heute noch **Dekumanska ulica** und endet am Forum, dem **Trg Marafor,** wo es noch ein paar Säulenstümpfe zu bestaunen gibt. Hausfassaden in venezianischer Gotik schmücken den Platz und die Straße, wo man abends flaniert, Eis schleckt und das Angebot der Läden begutachtet.

1 In einer Parallelstraße der Dekumanska trifft man auf einen der bedeutendsten Sakralbauten Kroatiens, der seit 1998 auch zum UNESCO-Weltkulturerbe zählt: Die dreischiffige ***__Euphrasius-Basilika__** mit Atrium, Vorhalle und achteckigem Baptisterium stammt aus dem 6. Jh. Hauptattraktion und ähnlich denen von Ravenna sind die byzantinischen **Mosaiken** im Kircheninnern. Golden glänzen sie über der mittleren Apsis; Jesus und die Apostel wachen über Maria mit dem Kinde und neben der Gottesmutter hat Bischof Euphrasius mit dem Modell seiner Kirche einen Ehrenplatz. Beachtenswert sind auch die byzantinischen Kapitelle der Säulen im Schiff (tgl. 7–20 Uhr).

Info

Tourismusverband
Zagrebačka 9][52440 Poreč
Tel. 052/451 293
www.istria-porec.com

Hotels

Fortuna Island
Sv. Nikola][Tel. 052/408 000
www.valamar.com
Moderne Anlage, herrlich gelegen auf der vorgelagerten Insel Sv. Nikola. Dazu gehört das Luxus-Schlosshotel »Isabella« in einer Villa. ●●

Prächtige Mosaiken schmücken die Euphrasius-Basilika

Parentium
Zelena Laguna][Tel. 052/411 500
www.plavalaguna.hr
Komfortables Strandhotel in der Grünen Lagune, großes Sportangebot. ●●

Restaurants

Sv. Nikola
Obala M. Tita 23][Tel. 052/423 018
www.svnikola.com
Echt gut!
Fisch und Meeresfrüchte kreativ istrisch serviert das mehrfach ausgezeichnete Restaurant. Mit Blick auf das Meer. ●●●

Konoba Aba
M. Vlacica 2][Tel. 052/438 669
Sympathisches familiengeführtes Restaurant, vorzügliche Fischplatte. ●●

Shopping

Enoteca per Bacco
Trg Slobode 1][Tel. 052/451 600
Hier gibt es Delikatessen aus Istrien: Wein, Olivenöl, Honig, Grappa und natürlich Trüffel.

Nightlife

Lapidarium
Sv. Maura 10][Tel. 052/452 480
Entspannte Bar-Atmosphäre im Innenhof des Archäologischen Museums; abends spielen Bands; guter Jazz.

Ausflüge von Poreč

*Buje 2

Buje, 47 km nordöstlich von Poreč, liegt wie die meisten istrischen Städtchen auf einer Hügelkuppe mit weitem Blick übers Land. Bei klarem Wetter sieht man bis an die Küste.

*Grožnjan 3

Ansässige Künstler haben die historische Bausubstanz von Grožnjan, 14 km südlich von Buje, vor dem Verfall gerettet. Boutiquen und Galerien im Zentrum laden zum Bummeln und Verweilen ein.

Hotel

Casa romantica la Parenzana
Buje, Volpia b.b.][Tel. 052/777 460
www.parenzana.com.hr
Romantisches Landhaus mit angenehmen Gästezimmern. In der urigen Konoba kommt original istrische Küche auf den Tisch. ●●

Restaurant

Konoba Bastia
Grožnjan b.b.][Tel. 052/776 370
Gemütliches Gasthaus mit istrischen Spezialitäten. ●●

*Novigrad 4

Dieser Ausflug lässt sich mit dem nach Buje zu einer interessanten Rundtour verbinden. Novigrad, 16 km nordwestlich von Poreč, hat sich als einer der wenigen Küstenorte die mittelalterliche, mit Zinnen bewehrte Stadtmauer bewahrt. Beim Bummel durch die schmalen Gassen können Sie die romanische Kirche **St. Pelagius** besuchen und im **Museum Gallerion** Spannendes über die Habsburger k.u.k. Kriegsmarine lernen (Mlinska 1, www.kuk-marine-museum.com).

*Umag 5

In Umag, 15 km nördlich von Novigrad, drängen sich alte Stadt-

Blick auf Grožnjan

häuser um den Kirchplatz mit einem frei stehenden Campanile (15. Jh.). Berühmt ist Umag für das ATP-Turnier »Croatia Open«, das jeden Sommer stattfindet.

Hotel

San Rocco
Brtonigla][Srednja ulica 2
Tel. 052/725 000
www.san-rocco.hr
cht gut! Genießen Sie in dem **stilvollen Landhotel** den Fernblick bis zur Küste von den gemütlichen Zimmern oder vom sehr guten Restaurant. ●●●

Restaurant

Damir & Ornella
Novigrad][Zidine 5
Tel. 052/758 134
cht gut! **Köstliche istrische Sushi. Etwas Besonderes!** ●●●

**Rovinj 6

Rovinj – ein Juwel der istrischen Küste, ist ein beliebtes Fotomotiv – auch aus der Luft mit Blick auf die konzentrisch verlaufenden Gassen auf der tropfenförmigen Halbinsel um die auf einer Anhöhe thronende Pfarrkirche der ***Sv. Euphemia.** Von Rovinjs Wahrzeichen bzw. seinem rund 60 m hohen Glockenturm können Sie das Panorama auf die Stadt und die mit kleinen, grünen Inseln gesprenkelte Küste genießen.

Der Hauptplatz von Rovinj ist der **Trg Maršala Tita** am Hafen, mit Loggia, Uhrturm, Rathaus und dem Palazzo Califfi, in dem ein kleines Stadtmuseum residiert – alle vom Baustil der Serenissima geprägt.

Nicht alltägliches Ambiente im Café Valentino in Rovinj

Abends bummelt man in der Altstadt die **Grisia-Gasse** entlang, vorbei an Galerien und Ateliers.

Info

Tourismusverband

Pina Budičina 12][52210 Rovinj
Tel. 052/811 566][www.tzgrovinj.hr

Hotels

Villa Tuttorotto

Dvor Massatto 4][Tel. 052/815 181, www.villatuttorotto.com

Echt gut!

Herrlich **unweit des Hafens gelegenes und stilvoll möbliertes Hotel** mit nostalgischem Flair. ●●●

Istra

Tel. 052/80 25 00][www.maistra.hr

Das Komforthotel auf der vorgelagerten Andreas-Insel lockt Familien mit großzügiger Poollandschaft und schönen Stränden. ●●– ●●●

Restaurants

Monte

Montalbano 75][Tel. 052/830 203

Feinschmeckerrestaurant mit ausgezeichneten Fischgerichten und Weinen (Nov.–Mai geschl.). ●●●

Toni

Driovier 3][Tel. 052/815 303

Die gemütliche Konoba verbirgt sich in einer Seitengasse in Marktnähe. ●

Nightlife

Valentino

Sv. Križ 28][Tel. 052/830 683

Korbsessel und Kissen auf Felsen drapiert, dazu Illumination mit Fackeln und Strahlern im Meer, dezenter Jazz, himmlische Cocktails und das Plätschern der Wellen – **die originellste und schönste Café-Bar Kroatiens** (Okt. bis März geschl.).

Echt gut!

*Limski kanal 7

In der schmalen, tief ins Land hineinragenden Bucht 13 km nordöstlich werden Austern und Miesmuscheln gezüchtet. Die vielen oberirdischen und unterseeischen

Karte Seite 46

Süßwasserquellen schaffen hier gute Bedingungen für das Leben im Wasser. An Souvenirständen gibt's allerlei Tand, aber auch von den Frauen geklöppelte Spitzen. Ausflugsboote warten auf Gäste.

Restaurant

Fjord
Limski kanal 1, Tel. 052/448 222
Frischer als hier können Muscheln und Austern nicht sein. ●●

**Pula 8

Die geschützte Bucht von Pula (70 000 Einw.) war bereits zu Römerzeiten ein so geschätzter Ankerplatz, dass die damaligen Baumeister im 1. Jh. ein Bauwerk für »Brot und Spiele« errichteten:

2 Das ****Amphitheater,** in Pula kurz »Arena« genannt, am Rande des Stadtzentrums gehörte zu den fünf größten des Reiches: 23 000 Menschen, die sich an den grausamen Spielen delektierten, fanden im Theater Platz. Heute dient die im Inneren restaurierte Arena als Veranstaltungsort für Opern, Konzerte – allen voran das **Histria Festival** – und das Kroatische Filmfestival; eine Ausstellung im Kellergeschoss widmet sich kulinarischen Genüssen, nämlich Wein und Olivenöl (tgl. 8–21 Uhr).

Um das einstige ***Forum** pulsiert das städtische Leben. Säulen und Gemäuer des ***Augustustempels** und des ***Triumphbogens der Sergier** wurden in spätere Bauten

Das Amphitheater von Pula

integriert – die Triumphbögen zu Stadttoren umfunktioniert, ein Diana-Tempel vom Renaissance-Rathaus ummauert.

Das **Archäologische Museum Istriens** (Arheološki Muzej Istre) präsentiert interessante Fundstücke aus Pulas Geschichte (Sommer Mo–Sa 9–20 Uhr, So 9 bis 15 Uhr, Winter Mo–Fr 9–15 Uhr; www.ami-pula.hr).

Strand- und Ferienzentren um Pula sind die südlich liegenden Orte **Verudela, Medulin** und **Premantura.** Letzteres gilt als **einer der besten kroatischen Spots für Windsurfer** (Infos und Kurse beim Windsurfing-Zentrum: www.windsurfing.hr).

Info

Tourismusverband
Forum 3][52100 Pula
Tel. 052/219 197][www.pulainfo.hr

Hotels

■ **Valsabbion**
Pliješčana uvala IX/26
Tel. 052/218 033
www.valsabbion.info

Herrlich an der Marina Veruda gelegenes Privathotel mit Dachpool. Modernes, stilvolles Design. Das berühmte Restaurant wurde 2012 geschl. ●●●

■ **Omir**
Sergia Dobrica 6
Tel. 052/213 944][Fax 218 186
www.hotel-omir.com
Einfaches, kleineres Stadthotel mit Restaurant und freundlicher Atmosphäre nicht weit vom Hafen. ●

Restaurants

■ **Milan**
Stoja 4][Tel. 052/300 200
www.milanpula.com
Hotelrestaurant mit schöner Terrasse, erstklassigem Fisch und Seafood, verführerische Mehlspeisen. ●●●

■ **Kažun**
Vitasovićeva 2
Tel. 052/223 184
Istrische Spezialitäten wie wilder Spargel, Trüffel, der luftgetrocknete Schinken Pršut und Ravioli schmecken hier besonders gut. ●●

Brijuni-Inseln 9

Das 7 km nordwestlich von Pula gelegene, ruhige Hafenstädtchen **Fažana** mit schattiger Meerespromenade und gemütlichen Cafés und Restaurants ist Hafen der Ausflugsschiffe auf die vorgelagerten Brijuni-Inseln, die bereits von Römern besiedelt wurden. Eine geschützte, artenreiche Unterwasserfauna macht die Eilande zu einem beliebten Taucherziel. Ex-Jugoslawiens Präsident Tito empfing auf **Veli Brijuni** gerne Staatsbesuche. Die von einigen als Geschenk mitgebrachten Wildtiere, darunter Zebras und Elefanten, leben in einem Safaripark, den Besucher bei der Inselrundfahrt zu sehen bekommen.

Info

Nacionalni Park Brijuni
52214 Brijuni][Tel. 052/525 888
www.brijuni.hr

Zebras im Safaripark auf der Nordspitze von Veli Brijuni

Inneres Istrien

*Pazin 10

Im geografischen Zentrum Istriens gelegen, ist die am Rand der 130 m tiefen Fojba-Schlucht gegründete Stadt heute Verwaltungssitz der Halbinsel. Die Burg **Kaštel** aus dem 13./14. Jh. ist mit ihren Wehrgängen und der Zisterne im Innenhof hervorragend erhalten. Begrenzt vom »Höllenloch«, in dem das Flüsschen Pazinčica in der Unterwelt des Karstes verschwindet, war die Festung quasi uneinnehmbar.

Das bemerkenswerte **Etnografski muzej Istre** in den Räumen der Burg zeigt Hausrat, Trachten und Bautraditionen der Region (Di–So 10–18 Uhr, www.emi.hr).

6 km nordwestlich, bei **Beram,** trifft man auf ein künstlerisches Kleinod: die eigenwillige Kirche ****Sv. Marija na Škriljinah,** die berühmt für ihre gotischen Wandfresken mit dem Motiv des »Totentanzes« › S. 37 ist. Das 1474 entstandene Werk zeigt Arm und Reich Hand in Hand mit Gevatter Tod. Den Schlüssel für die Kirche bekommt man in Beram (Haus Nr. 38, Tel. 052/622 903).

Info

Tourismusverband
Ulica Franine i Jurine 14
52000 Pazin][Tel. 052/622 460
www.tzpazin.hr

Hum 11

Die kleinste Stadt der Welt liegt 30 km nordöstlich von Pazin. Trotzig wählen deren 21 Einwohner jedes Jahr im Juni einen Bürgermeister und feiern diesen Anlass. Eng aneinandergebaut bilden die Häuser des äußeren Siedlungsringes einen eindrucksvollen Befestigungswall mit Stadtmauer und Türmen.

Konoba beim Trüffelort Motovun

Restaurant

Humska Konoba
Hum 2][Tel. 052/660 005
www.hum.hr
Istrische Hausmannskost, im Herbst Trüffel und delikate, hausgebrannte Schnäpse. ●●

Motovun 12

Das Bergstädtchen besitzt gleich zwei Befestigungsringe, im Ortskern überragen ein kleines Hotel, das im ehemaligen Kastell residiert, sowie der romanische Campanile der Kirche **Sv. Stjepana** die schmalen, steilen Gassen. In den Eichenwäldern zu Füßen des Motovuner Hügels werden wertvolle weiße Trüffel von Hunden aufgestöbert. Die aromatische Knolle verfeinert hier fast jedes Gericht, weshalb ein Essen hier den krönenden Abschluss bildet:

Restaurants

■ **Zigante**

Livade 7][Tel. 052/664 302

www.zigantetartufi.com

Livade, am gegenüberliegenden Mirna-Ufer, ist »die« Gourmet-Adresse Istriens, vor allem im Herbst, wenn im Restaurant **frische Weiße Trüffel** serviert und im Laden von Zigante Tartufi auch verkauft werden. ●●●

Echt gut!

■ **Hotel Restaurant Kaštel**

Trg Andrea Antico 7

Tel. 052/681 607

www.hotel-kastel-motovun.hr

Istrische Spezialitäten, serviert bei warmem Wetter auf der Terrasse des Hotelrestaurants mit herrlichem Blick über die Hügel unter einem hundertjährigen Maulbeerbaum. ●●

Kvarner Bucht

Labin 13

Labin, eine der am besten erhaltenen istrischen Bergstädte, thront 320 m hoch über der Bucht von Rabac. Schmale, steile Gassen führen durch das Häuserlabyrinth auf der Hügelkuppe und durchs Stadttor zur Kirche Mariä Geburt (Majke božje), die zwischen dem 11. und 16. Jh. errichtet wurde. Ein 33 m hoher Glockenturm (1623) markiert den Standort der ersten Kirche von Labin. Die Piazza Fortica bietet das bezaubernde Panorama der istrischen »Toskana«. Wenn Sie sich für junge Kunst interessieren, werden Sie in den Galerien der ulica Giuseppine Martinuzzi sicherlich fündig.

Rabac 14

Unterhalb von Labin drängen sich in steilen Terrassen Ferienhäuser und Hotels an der Bucht von Rabac. Der malerischen Lage mit Blick auf die Insel Cres wegen avancierte der Ort schon früh zu einem lebhaften Seebad. Beliebt sind die mit Strandkiefern bewachsenen Badebuchten auf der Halbinsel Sv. Andrija.

Info

Tourismusverband

Aldo Negri 20][52220 Labin

Tel. 052/85 55 60

www.rabac-labin.com

Hotel

Albona Hotel & Residence

Rabac b.b.][Tel. 052/465 200

www.valamar.com

Moderne, in kräftigen Farben gestaltete Anlage mit hübsch eingerichteten Apartments und großem Pool. ●●

Restaurants

■ **Villa Annette**

Raška 24][Rabac][Tel. 052/884 222

www.villaannette.hr

Elegant konzipierte Zimmer und istrisches Slow Food nach alten Rezepten, im Sommer im Olivenhain. ●●●

■ **Velo Kafe**

Trg Maršala Tita 6][Labin

Tel. 052/852 745

Im Keller isst man in einer rustikalen Kneipe, oben ist's heller und schicker. Gute istrische Küche. ●●

*Opatija 15

Opatija vermittelt wieder jenen Charme, der um die Wende vom 19. zum 20. Jh. die gekrönten

Opatija besitzt nach wie vor nostalgischen k. u. k. Charme

Häupter Europas an der Kvarner Bucht versammelte. Die hübschen Hotels und Villen dieser Epoche sind in frischen Farben restauriert, im Kurpark der **Villa Angolina** wandelt man unter gepflegten Platanen.

3 Ein 12 km langer Spazierweg führt entlang der nostalgischen **k. u. k. Riviera** vom Fischerort **Volosko** östlich von Opatija bis ins westlich gelegene Städtchen **Lovran.** Die gesunde Seeluft der Uferpromenade genossen bereits Kaiser, Fürsten und Literaten der k. u. k. Zeit, als Abbazia zum liebsten Kurbad der Habsburger avancierte.

Info

Tourismusverband
Vladimira Nazora 3
51410 Opatija
Tel. 051/271 710
www.opatija-tourism.hr

Hotels

Grand Hotel Adriatic
Maršala Tita 200][Tel. 051/719 000
www.hotel-adriatic.hr
Modernes Doppelhaus, das komfortablere Adriatic I wurde 2005 umfangreich renoviert und neu gestaltet, am Meer gelegen, mit Wellnesscenter, Hallenbad und Kasino. ●●●

Miramar
Ive Kaline 11][Tel. 051/280 000
www.hotel-miramar.info
Komfortable Zimmer, eine fantastische Küche und ein breitgefächertes Kurs- und Unterhaltungsprogramm tragen zum zauberhaften k. u. k. Charme dieses Hauses bei. ●●

Echt gut!

Restaurant

Le Mandrać
Volosko][Tel. 051/701 357
www.lemandrac.com
Opatijas angesagteste Gourmet-Adresse: Hier wird traditionelle Regionalküche mediterran-französisch beeinflusst interpretiert. Der moderne Kubus des

Restaurants steht im romantischen Ambiente des Hafenbeckens. ●●●

■ **Plavi Podrum**

Volosko][Tel. 051/701 223

Hervorragendes Fischrestaurant am Hafenbecken von Volosko mit einer guten Auswahl kroatischer Weine. ●●

*Lovran 16

Der von Kastanienwäldern umgebene Badeort Lovran ist mit seinen z. T. hervorragend restaurierten Villen des Jugendstils und Klassizismus ein Paradebeispiel für die k. u. k. Epoche an der Riviera. Der Altstadtkern mit schönen Häusern des 17./18. Jhs. ist gut erhalten. Im teils noch von der Stadtmauer umschlossenen Zentrum führen schmale Gassen auf den Hauptplatz zu. Hier erhebt sich die gotische St. Georgskirche, deren Fundamente aus dem 12. Jh. stammen.

Echt gut!

Anfang Okt. feiert man in Lovran die **Marunada** mit Köstlichkeiten aus Esskastanien, Wein und Musik (Infos beim TZG).

Info

Tourismusverband

Trg slobode 1][51415 Lovran

Tel. 051/291 740][www.tz-lovran.hr

Restaurant

Najade

Šet. Maršala Tita 69][Tel. 051/291 866

Das Restaurant am Meer ist regional bekannt für seine Fischküche. ●●●

Rijeka 17

Busbahnhof und Fährhafen prägen die dem Meer zugewandte Seite der Hafenstadt (128 000 Ew.), ca. 10 km östlich von Opatija. Ein paar Querstraßen landeinwärts dann das andere, historische Rijeka: Auf der verkehrsberuhigten Flaniermeile **Korzo** zwischen dem Beogradski trg und dem Togliatti-Platz haben sich die Einheimischen Zeitung lesend in Straßencafés niedergelassen, während Touristen die Skulpturen von Kaiser Leopold I. und Karl VI. auf dem zierlichen **Stadtturm** (Gradski toranj) bewundern. In den schmalen Gassen dahinter stehen noch ein paar alte istrische Häuser, das römische Stadttor **Stara vrata** und die Barockkirche **Sveti Vid.** Letztere ist heute als Kathedrale der Sitz des Erzbischofs.

Echt gut!

Sehenswert sind die berühmten Markthallen, **Velika tržnica**, an der Ulica Ivana Zajca. Besonders lebhaft ist die südlichste Halle, die den Fischhändlern in den Vormittagsstunden vorbehalten ist. Eine Grünanlage trennt den Markt vom 1885 eröffneten **Nationaltheater Ivan Zajc** in schönstem (restauriertem) Klassizismus. Zajc war ein bedeutender kroatischer Komponist und ist hier in einem Denkmal verewigt.

Info

Tourist Info Center

Korzo 14][51000 Rijeka

Tel. 051/335 882][www.tz-rijeka.hr

Verkehr

Fährverbindungen: Pomorski Terminal, Riva Boduli. Infos bei Jadrolinija › S. 20. Fährschiffe nach Cres, Rab und nach Dubrovnik entlang der Küste.

Die Kirche Sv. Vid ist nach dem Schutzpatron von Rijeka benannt

Hotel

Continental
Šetalište Andrije Kačića - Miošića 1
Tel. 051/372 008
www.jadran-hoteli.hr/continental
Imposantes Hotelgebäude von 1888 im Stadtzentrum. Mit Restaurant. ●●

Restaurants

■ **Feral**
Matje Gupca 5][Tel. 051/212 274
www.konoba-feral.com
Das Haus nördlich des Theaters ist berühmt für seine Fischküche. ●●

■ **Arca Fiumana**
Adamićev gat][Tel. 051/319 084
Sehr gutes Fischrestaurant. ●

Ausflug in den Risnjak-Nationalpark 18

Nach 60 km Anfahrt von Opatija bzw. 50 km von Rijeka erreicht man bei **Crni Lug** den Eingang zum Nationalpark am Oberlauf des Flusses Kupa und dem dicht bewaldeten Gebirgszug um die Gipfel Veliki Risnjak (1528 m) und Snježnik (1506 m). Zahlreiche Wanderwege erschließen die majestätische Waldlandschaft, in der auch noch Braunbären, Luchse und Wölfe leben. Beliebt sind der Aufstieg zum **Veliki Risnjak** von Crni Lug aus (6 Std.) sowie die 30-minütige Wanderung vom Dorf Razloge zur **Kupa-Quelle,** die man auch weiter in die Kupa-Auen ausdehnen kann.

Info

Nacionalni park Risnjak
Bijela vodica 48][51317 Crni Lug
Tel. 051/836 133][www.risnjak.hr

*Crikvenica 19

Eingerahmt von Gebirgszügen und dadurch vor der Bora geschützt, besitzt Crikvenica ein ideales Klima für den Bade- und Kururlaub; bereits 1888 eröffnete hier das erste Hotel an dem weit geschwungenen und von Palmen gesäumten Sand-/Kiesstrand. Restaurants und Cafés drängeln sich entlang der Meerespromenade. Längst ist Crikvenica mit der Nachbargemeinde **Selce** zusammengewachsen. Aus der Herrschaftszeit der Frankopanen von Krk (15. Jh.) sind noch die namensgebende Kirche *(crikva)* und das Kastell erhalten(heute Hotel).

Info

Tourismusverband
Trg Stjepana Radića 1
51260 Crikvenica][Tel. 051/784 101
www.tzg-crikvenice.hr

Hotels

■ **Palace Hotel Therapia**
B. Buchhoffer 12][Tel. 051/209 700
www.falkensteiner.com
Schön im Park gelegenes Hotel von 1895; sehr nostalgisch und frisch renoviert; Thalassotherapiezentrum. ●●●

■ **Vila Ružica**
Bana Jelačića 1][Tel. 051/781 600
www.vila-ruzica.hr
Familiär geführtes Haus am Strand in einer ehemaligen k. u. k.-Villa. ●●

Restaurants

■ **Moslavina**
Braće Dr. Sobol 13][Tel. 051/785 412
Gemütliches, antiquiert eingerichtetes Lokal mit guter Fischküche. ●●

■ **Sabbia**
Strossmayerovo šetalište 50B
Tel. 051/781 033
www.sabbia.hr
Das schicke Restaurant am Strand von Crikvenica hat sich dank des coolen Ambientes und der Lounge-Musik zu einem Hot-Spot gemausert. Die italienisch gefärbte Küche ist köstlich. ●●

Novi Vinodolski 20

Der Badeort, 13 km südlich von Crikvenica, war Mittelpunkt des Fürstentums der Frankopanen, das die Region vom 13. bis 19. Jh. beherrschte. Kastell und Pfarrkirche erinnern an die historische Bedeutung, das **Regionalmuseum** zeigt eine Kopie des *Vinodolski zakonik*: Die Gesetzessammlung regelte im 13. Jh. das Verhältnis von Adel und Abhängigen und ist eine der ältesten demokratischen Verfassungen weltweit (Mo–Fr 9–12, 19–21, So 9–12 Uhr).

*Senj 21

24 km weiter nach Süden erblickt man schon von Weitem die Burg von Senj. Bereits die Römer hatten erkannt, dass das Hinterland von dort über einen Richtung Plitwitzer Seen führenden Bergpass relativ einfach zu erreichen war. So musste sich die Stadt jahrhundertelang hinter einer mächtigen Stadtmauer verschanzen und gegen Eindringlinge wehren. Zu den Resten der Verteidigungsanlagen gehört die ***Burg Nehaj.** Das Wahrzeichen Senjes wurde im ausgehenden 16. Jh. auf einer Anhöhe errichtet, heute stellt hier ein Museum alte Waffen und Trachten aus (Mai–Okt. tgl. 10–18, Juli/Aug. bis 21 Uhr).

Kvarner Inseln

Die vier großen Inseln im Kvarner Golf, Cres, Lošinj, Krk und Rab, sind äußerst beliebte Urlaubsziele – jede mit ihrem eigenen Charme.

*Insel Cres

Von Nord nach Süd wechselnde Landschaften, durch die sich ein Bergkamm schnurgerade bis zum Hauptort zieht, sowie idyllische Orte und Buchten erwarten den Urlauber auf der schmalen, karstigen Insel Cres. Zwischen dem istrischen Brestova und Porozina verkehren Fähren (Hauptsaison viertelstündlich, sonst stündlich).

Die malerische Stadt **Cres** 22 säumt mit ihren alten Kapitänshäusern ein kleines Hafenbecken. Um dieses pulsiert das Leben, Cafés und Läden sind besonders am späten Nachmittag gut besucht.

In **Valun** 23 an der Südwestseite der gleichnamigen Bucht bewahrt die Gemeindekirche eine wertvolle Steintafel auf: die *Valunska ploča* mit eingemeißelten glagolitischen Schriftzeichen aus dem 11. Jh. Sie zählt mit der »Tafel von Baška« › S. 65 zu den ältesten Zeugnissen der altkroatischen Schrift. Hier, an der Westküste in Richtung Osor finden sich auch kleinere Kies- und Felsstrände, die zum Baden einladen.

Osor 24 liegt ganz im Süden von Cres und ist berühmt für die Musikabende im Juli und August (Infos: www.osorskeveceri.org). Bis ins 15. Jh. hinein war das Städtchen ein bedeutender Hafen und Warenumschlagplatz; die reichen Bürger konnten sich deshalb auch ein repräsentables Rathaus, ein Bischofspalais und eine gotische Kathedrale leisten. Moderne Skulpturen fügen sich harmonisch in das mittelalterliche Stadtbild von Osor ein.

Cres bietet traumhafte Buchten

Info

Tourismusverband

Grad Cres][Cons 10][51557 Cres
Tel. 051/571 535][www.tzg-cres.hr

Hotel

Kimen

Grad Cres, Melin I/16
Tel. 051/573 305
www.hotel-kimen.com
Familienfreundliche Anlage direkt an einer Badebucht. Ein Teil der Zimmer wurde jüngst renoviert ●●

Restaurants

■ **Konoba Toš**

Valun b.b.][Tel. 051/525 084
Schattiger Biergarten an der Bucht von Valun, in dem Sie Lamm, Fisch und köstlichen Wein genießen können. ●●

■ **Konoba Bonifačić**
Osor][Tel. 051/237 413
Die gemütliche Konoba liegt in der Altstadt und verwöhnt mit alten Rezepten aus dem Kvarner. ●●

Aktivitäten

Diving Cres
Autocamp Kovačine
Tel. 051/571 706
www.divingcres.de
Die deutschsprachige Tauchschule bietet von April bis Oktober Tauchkurse und -exkursionen an, Ausrüstung kann man sich auch leihen.

**Insel Lošinj 25

Von Osor im Süden der Insel Cres führt eine Drehbrücke nach Lošinj, dessen dichte Kiefern- und Pinienwälder für sattes Inselgrün und aromatische Luft sorgen. Den Mittelpunkt der Inselhauptstadt ****Mali Lošinj** bildet das Hafenbecken am Ende einer schmalen Bucht. Waren die Lošinj-Kapitäne früher berühmt für ihre seemännischen Fähigkeiten, so schippern sie heute Touristen durch die Kvarner Inselwelt. Zahlreiche Cafés, Restaurants und Imbissstände wetteifern um Kunden entlang der Hafenpromenade, an der Eisverkäufer mit ihrer Auswahl wahre Regenbogen vor sich aufgebaut haben.

Ruhiger geht es am Kiesstrand der **Čikat-Bucht** zu und im 4 km entfernten ***Veli Lošinj.** Malerisch gruppieren sich um das Hafenbecken alte Häuser, in denen Geschäfte, Cafés und Restaurants locken. Hübsch auch die angrenzende Bucht von **Rovenska.**

Geier und Delfine

Caput Insulae nannten die Römer ihre Niederlassung an der Nordostspitze der Insel Cres, das heutige Dorf Beli. Heute heißt so ein engagiertes Naturschutzprojekt, das junge Leute aus Kroatien initiiert haben. Sie kümmern sich um die im Bestand bedrohten Gänsegeier, die in den steilen Felsen der Ostküste brüten und ihre Jungen großziehen. Sie bergen verletzte oder ins Wasser gestürzte Junge, päppeln sie wieder auf und wildern sie aus. Im Ökozentrum von Beli können Besucher bei dieser Arbeit zusehen und sich in einer Ausstellung über Gänsegeier, aber auch über die bäuerliche Inselkultur informieren. Hier beginnen auch markierte Wanderwege durchs Hinterland.

Das Engagement von **Plavi Svjet** in Veli Lošinj gilt den Delfinen in der Adria und speziell im Schutzgebiet um Cres und Lošinj. Der Bestand wird beobachtet, neue Sichtungen verzeichnet, die Bevölkerung zur Rücksicht auf die Meeressäuger erzogen und es werden Adoptionen von Delfinen vermittelt. Das Zentrum finden Sie in Veli Lošinj.

■ **Eko-Centar Caput Insulae**
Beli 4][Tel. 051/840 525][www.supovi.hr

■ **Plavi Svijet**
Kaštel 24][Tel. 051/604 666][www.blue-world.org

Info

Tourismusverband
Riva Lošinjskih kapetana 29
51550 Mali Lošinj][Tel. 051/231 884
www.tz-malilosinj.hr

Hotels

Apoksiomen
Riva Lošinjskih kapetana 1
Mali Lošinj][Tel. 051/520 820
www.apoksiomen.com
In diesem modern-komfortablen Haus logieren Gäste direkt an der Promenade im Herzen des Geschehens. ●●●

Capri
Grbica b.b.][Veli Lošinj
Tel. 051/236 186][www.grbica.hr
Kleines privates Hotel mit Pool, Tennisplatz, Shuttle-Service zum Strand, liebevoll eingerichteten Zimmern und herzlichem Gastgeber. ●●

Pjacal
Kastel 3][Veli Lošinj
Tel. 051/236 244][www.pjacal.hr
Zauberhaftes B&B, ruhig, fantastisches Frühstücksbüfett im Innenhof. ●

Restaurants

Baracuda
Priko 31][Mali Lošinj
Tel. 051/233 309
Nettes, lebhaftes Fischrestaurant am Hafen. ●●

Capri
Der italienische Küchenchef des gleichnamigen Hotels (s. o.) verwöhnt mit fantasievollen Kreationen, darunter köstlichen Fischgerichten, in rustikalem Ambiente. ●●

Aktivitäten

Sunbird
Čikat][Mali Lošinj
Tel. 095/837 7142][www.sunbird.de

Das malerische Veli Lošinj

Deutschsprachige Surf- und Katschule in der Čikat-Bucht, mit Fahrradverleih.

4 **Insel Krk

Krk zählt mit seinen weitläufigen Kiesstränden und kleinen Felsbuchten zu den beliebtesten Badeinseln Kroatiens und ist bequem über eine fast 1,5 km lange Brücke (Krčki most) vom Festland aus erreichbar. Zwischen Merag/Cres und Valbiska/Krk schippern in der Hochsaison die Fähren im Dauerbetrieb hin und her, in ruhigeren Monaten starten die Schiffe meist stündlich.

**Krk-Stadt 26

Vom Meer aus wirkt die Stadt wie ein Theater, denn die Häuser staffeln sich vom Hauptplatz ***Vela placa** steil die Hügel hinauf. Wo früher das römische Forum lag, findet man heute alles, was zu einem venezianischen Verwaltungszentrum gehörte: Loggia, Uhrturm und steinerner Brunnen.

Sehenswert ist die ***Kathedrale,** deren drei Schiffe römische Säulen tragen. Nebenan verbirgt sich in der aus zwei Etagen bestehenden Kirche ****Sv. Kvirin** ein schlichter, romanischer Kirchenraum, darüber ein **Museum sakraler Kunst** (tgl. 9–13, 18–21 Uhr, Winter geschl.).

Info

■ **Tourismusverband**
Trg Sv. Kvirina 1][51500 Krk
Tel. 051/221 359][www.krk.hr

■ **Tourist Info Center**
Obala hrvatske mornarice b.b.
Tel. 051/220 226 (nur im Sommer)

Hotel

Koralj
Vlade tomašića b.b.
Tel. 051/655 400][www.valamar.com
Attraktiv gestaltetes Hotel am Strand; ca. 10 Gehminuten zur Altstadt. ●●

Restaurant

Konoba Corsaro
Obala hrvatske mornarice 2
Tel. 051/220 084
www.konoba-corsaro.com
Originalgetreu restaurierte, rustikal eingerichtete Konoba; Spezialität: Šurlice Casanova, Kvarner Nudeln mit Trüffeln und Speck. ●●

Shopping

Zlatna Žlahtina
Namori 2][51516 Vrbnik][Krk
Tel. 051/857 101
Im 6 km entfernten Vrbnik wird **einer der besten Weißweine Kroatiens** gekeltert: Hier kann man den gleichnamigen edlen Tropfen verkosten und erwerben.

Echt gut

**Punat 27

Punat liegt an einer runden, zum Meer hin fast völlig abgeschlossenen Bucht, in der sich heute auch eine große Marina ausbreitet. Gesäumt ist die Bucht von schönen Sandstränden. Auf dem vorgelagerten idyllischen Klosterinselchen ***Košljun** leben seit dem 12. Jh. Mönche; sie haben Bäume gepflanzt und Bücher gesammelt, sodass das Kloster heute mit einem Botanischen Garten und einer mit wertvollen Schriften gefüllten Bibliothek aufwarten kann (tgl. 9.30–12.30, 15–17 Uhr).

Hotel

Kanajt
Punat, Kanajt 5][Tel. 051/654 340
www.kanajt.hr
Das **charmante kleine Hotel** ist ganz auf Skipper-Bedürfnisse eingestellt. Es ist maritim eingerichtet, bietet aktuelle Wettervorhersagen online und abends ist super Stimmung im guten Restaurant. ●●

Echt gut

Stara Baška 28

Im 12 km entfernten Ort findet man noch meist einsame Badebuchten mit Kiesstränden und einfache Restaurants.

Restaurant

Nadia
Stara Baška 253][Tel. 051/844 663
www.nadia.hr

Die Pfarrkirche von Baška auf Krk vor einer imposanten Karst-Kulisse

Nettes Restaurant direkt am Hafen. Serviert werden gute Fisch- und Fleischgerichte, für Übernachtungsgäste gibt es auch einige hübsche Zimmer. Ostern bis Oktober. ●

Aktivitäten

Blue Dive

Stara Baška 253][Tel. 051/844 629

www.bluedive-krk.com

Die deutschsprachig geführte Tauchbasis bietet auch Hauspakete in Kooperation mit der Pension Nadia gleich nebenan an (s. o.).

*Baška 29

Baška ist wie Krk ein altes Inselstädtchen, nur sieht man davon auf den ersten Blick nicht viel, denn Hotels, Ferienhäuser, Restaurants und Stände bestimmen den hübschen Ortskern. Der Grund für diese Beliebtheit ist schnell gefunden: Der Strand von Baška besteht aus feinem Kies.

In dem 2 km nordwestlich von Baška gelegenen **Jurandvor** wird im Kirchlein Sv. Lucija (11./12. Jh.) eine Kopie der berühmten »Tafel von Baška« aufbewahrt, eine Steintafel mit glagolitischer Inschrift › S. 37. Das wertvolle Original hütet die Akademie der Künste und Wissenschaften in Zagreb.

Info

Tourismusverband
Ul. Kralja Zvonomira 114
51523 Baška][Tel. 051/856 817
www.tz-baska.hr

Hotel

Zvonimir
Tel. 051/656 810
www.hotelibaska.hr
Das direkt am Strand gelegene 4-Sterne-Hotel mit Poollandschaft und Wellnesscenter wurde in jüngerer Zeit renoviert. Die noch nicht umgebauten Corinthia-Häuser der Hotelgruppe sollten Sie besser meiden. ●●●

Restaurant

Cicibela
Emila Geistlicha][Tel. 051/856 013
www.cicibela.hr
Aromatisch gewürzte Grillgerichte an der Uferpromenade. ●●

**Insel Rab

Ihre landschaftlichen Kontraste mit einer eher kargen Ostseite und einer üppig grünen Westseite, gesäumt von herrlichen Buchten mit kristallklarem Meer, machen die Reize der Insel Rab aus. Fähren pendeln ab Jablanac bzw. von Krk aus ab dem Hafen von Valbiska. Von dort tuckert das Schiff zwischen kahl geschliffenen Felsbuckeln in die Bucht von Lopar (Fahrplan www.lnp.hr).

*Lopar 30

Der Ort besitzt einen der berühmtesten Strände des Kvarner, denn hier, am Sandstrand **San Marino,** sollen zu Beginn des 20. Jhs. das erste Mal in Kroatien alle Hüllen gefallen sein. Nackt liegt heute niemand mehr an der Bucht, FKK findet auf Rab an einsamen Buchten und nicht vor den Augen der Öffentlichkeit statt.

**Rab-Stadt 31

Rab ist eine der schönsten Städte der kroatischen Adria. Wie ein Schiffsbug schiebt sich die Altstadt auf einer schmalen Landzunge ins Meer, Kirchtürme stechen wie warnende Finger hintereinander ins Himmelsblau.

Zu Füßen dieses viel fotografierten Panoramas liegen drei geschäftige Straßen, in denen es nur mittags etwas ruhiger wird. In der Srednja ulica residiert das hübsche **Café Paradiso.** Hier kann man stundenlang sitzen und dem Treiben in den Gassen zusehen. Eine kühle Oase ist der **Park Komrčar** mit teils uralten, exotischen Bäumen.

Info

Tourismusverband
Trg municipium arba][51280 Rab
Tel. 051/724 064][www.tzg-rab.hr

Hotels

■ **Arbiana Hotel**
Obala Kralja Krešimira 12
Tel. 051/775 900
www.arbianahotel.com
Stilvoll restauriertes Stadthaus am Hafen, mit Antiquitäten eingerichtete,

Wie ein Schiffsbug ragt die Altstadt von Rab ins blaue Meer

elegante Zimmer und ein exquisites Restaurant. ●●●

■ **Istra**

M. de Dominisa bb][Tel. 051/724 134
www.hotel-istra.hr

Freundliches Stadthotel zwischen Hafen und dem Park Komrčar. In der Hochsaison muss man allerdings damit rechnen, dass es auf der Hafenpromenade recht laut werden kann. ●●

Restaurants

■ **Santa Marija**

Dinka Dokule 6][Tel. 051/724 196

Edel-Konoba in der Altstadt, die für ihre ausgezeichneten Fischgerichte berühmt ist. ●●

■ **Café Paradiso**

Srednja ulica][Tel. 051/771 109

Tagsüber können Sie hier Kaffee trinken, abends gibt's Küche auf hohem Niveau; außerdem bittet die Vinothek zur Weinverkostung, und eine Kunstgalerie gehört auch dazu. ●●

■ **Velum**

Palit 71][Tel. 051/774 855

Modernes Design und gute mediterrane Küche zeichnen dieses Restaurant im Geschäftszentrum Palit aus. ●●

Nightlife

San Antonio Club

Trg Municipium Arba 4
Tel. 051/724 145
www.sanantonio-club.com

Diese Café-Bar wird nachts zu einem beliebten Klub mit Partyzone und Live-Events.

Shopping

Natura Rab

Barbat][Tel. 051/721 927
www.natura-rab.hr

Naturprodukte vom Erzeuger, besonders der Honig ist köstlich. Der Familienbetrieb hat auch eine Verkaufsstelle im Rektorenpalast am Trg Municipium Arba in Rab-Stadt.

Echt gut!

Norddalmatien

Nicht verpassen!

- Auf Winnetous Spuren durch den Nationalpark Plitwitzer Seen
- Eine Nacht an Pags Party-Strand Zrče
- Kornaten-Aussicht genießen vom Belvedere Kamenjarka bei Banjovci
- Ein Segeltörn in den Kornaten-Nationalpark
- Kaffeetrinken im römischen Kaiserpalast in Split

Zur Orientierung

Norddalmatien ist die Region der schmalen Wasserstraßen, der hintereinander gestaffelten Festlands- und Inselgebirge. Nirgendwo an der kroatischen Adria wird so deutlich, dass die dalmatinischen Inseln nur überflutete Bergketten sind, deren Täler unter dem Meer verschwunden sind. Die steilen Hänge des **Velebit** begleiten die Küstenlinie und schützen sie vor Festlandswinden; zu ihren Füßen drängen sich Städtchen und Dörfer an winzige Buchten. Hier locken nicht so sehr das Meer, vielmehr die schroffe Karstlandschaft wie im **Nationalpark Paklenica,** in dem Freeclimber um die Wette klettern. Zum Baden lädt die schmale ***Insel Pag** ein – ihre von der Bora abgeschliffene Mondlandschaft hat einen eigenwilligen Reiz. Und von Karlobag bietet sich ein Abstecher zum bekanntesten kroatischen Nationalpark an: den *****Plitwitzer Seen** mit ihren Kaskaden und Seen.

Die Inselriegel vor dem Festland setzen sich auch südlich fort: **Ugljan, Pašman, Dugi Otok** und der Inselarchipel der **Kornaten** bieten Wasser- wie Segelsportlern eine Fülle von Aktivitäten von Tauchen über Kajakfahren bis hin zu Segel- oder Motorboottörns. Am Festland hingegen erwartet den Besucher kunstvolle Architektur: **Zadar, Šibenik** und **Trogir** sind wahre Schatzkammern von Romanik bis Barock, beherrscht vom geflügelten Löwen der Serenissima. Kultureller Höhepunkt ist die römische Kaiserstadt und Hafenmetropole **Split.** Von hier legen auch die Fähren ab zur weit westlich vorgelagerten **Insel Vis,** einer kleinen Adria-Idylle.

Touren in der Region

Von Biograd auf die Inseln

⑤ Biograd na moru › Pašman › Ugljan › Zadar › Dugi Otok › Zadar

Länge: 121 km, 2 Tage
Praktische Hinweise: Fährpassagen sollten in der Saison rechtzeitig bei Jadrolinija oder im Reisebüro gebucht werden. Transferzeiten jeweils 30 Min., nach Dugi Otok 50 Min.

Von **Biograd na moru** › S. 81 setzt man mit der Fähre zum Hafen von Tkon auf der Insel ***Pašman** über. Wie ihr nördlicher Nachbar Ugljan ist das langgestreckte Eiland entlang der dem Festland zugewandten Ostküste intensiv landwirtschaftlich genutzt, während ein bis zu 260 m hoher, karger Bergrücken die Westküste beherrscht. Fuß- und

Kaskaden im berühmten Nationalpark Krka

Segler auf der Durchfahrt zwischen Dugi Otok und Katina

Ziegenpfade führen hier zu einsamen Buchten. Die einzige Inselstraße verbindet Tkon im Süden über Pašman-Stadt mit der Nordspitze, Abstecher führen kurz hinter Tkon zum Benediktinerkloster Sv. Kozma i Damjan mit glagolitischen Inschriften am Kirchenportal (Mo–Sa 16–18 Uhr) und bei Kraj zu einem Franziskanerkonvent mit Renaissance-Kreuzgang.

Pašman und Ugljan waren ursprünglich ein Eiland; Ende des 19. Jhs. wurde die Landenge zwischen den beiden für den Schiffsverkehr durchstochen, wo heute eine Brücke nach ***Ugljan** führt. Ähnlich in Form und Gestalt ist sie die dichter besiedelte, lebhaftere Insel. Gleich der erste Ort Kukljica besitzt **einen der schönsten Strände Dalmatiens:** An der Ferienanlage **Zelena Punta** beschatten Kiefernwälder die Kies- und Sandstrände und das türkisblaue Meer (Tel. 023/373 338, ●). Zu Fuß sind weitere Sandbuchten wie Sabuša zu erreichen. Über das lebhafte Hafenstädtchen Preko erreichen Sie die Nordspitze Ugljans bei Muline, wo Fundamente einer römischen Ölmühle erhalten sind. Auch hier locken idyllische Buchten, jedoch mit wenig Schatten.

Echt gut!

Entweder sucht man sich hier eine Übernachtungsmöglichkeit (auf die Schilder *sobe*, Zimmer, achten), oder man kehrt wieder nach Preko zurück und fährt mit der Fähre nach ****Zadar** › S. 76 weiter.

Am nächsten Morgen geht's erneut aufs Schiff: Die 43 km lange und maximal 4 km breite Insel **Dugi Otok** trägt ihren Namen »lange Insel« nicht von ungefähr. Anlegehafen ist Sali im Süden. Von dem alten Salinenort ist es ein kurzer Abstecher nach Südwesten zur Telaščica-Bucht. Das unter Naturschutz stehende Gebiet grenzt an den ****Kornaten-Nationalpark** › S. 82 und gilt als einer der sichersten Häfen der Adria. Entsprechend groß ist im Sommer der Andrang schmucker Segeljachten. Dugi Otok besteht hauptsächlich aus einem bis zu 340 m hohem Plateau, das nach Ost wie West relativ steil ins Meer

5 Von Biograd auf die Inseln Biograd › Insel Pašman › Insel Ugljan › Zadar › Dugi Otok › Zadar
6 Von Split nach Vis und Biševo Split › Insel Vis › Insel Biševo › Split

abfällt. Die Inseltransversale führt daran bzw. darauf entlang und eröffnet dem Reisenden immer neue, fantastische Panoramen auf die Kornaten und das Festland.

Nördlichster Ort ist Božava, der Außenposten der Insel auf den äußersten Inselfelsen ist der Leuchtturm Veli rat. Dugi Otok ist Natur pur, zahlreiche Wanderwege erschließen das Eiland.

Empfehlenswert ist auch eine **Fahrradtour von Sali nach Veli Rat.** Die 43 km lange Strecke wartet mit einer maximalen Steigung von 140 m auf und ist deshalb

Echt gut!

auch für Hobby-Radler geeignet. Sie führt über Zaglav, Žman, Luka, Savar, Brbinj, Dragove und Božana. Eine Detailkarte mit allen Wander- und Fahrradwegen auf Dugi Otok ist beim Tourismusverband erhältlich (TZG Sali, Tel. 023/377 094, www.dugiotok.hr).

Vom Fährhafen Sali kehren Sie zurück nach Zadar.

Von Split nach Vis und Biševo

6 Split › Insel Vis › Insel Biševo › Split

Länge: 2 Tage, Fährpassage Split–Vis 2,5 Std., auf Vis 34 km, Ausflug Biševo ½ Tag
Praktische Hinweise: Die Fähren zwischen Split und Vis per Fähre oder Katamaran (nur Passagiere) sollten rechtzeitig gebucht werden. Busse verkehren nur zwischen Vis-Stadt und Komiža.

Meist gegen 9 Uhr morgens startet in ***Split › S. 87 die Autofähre zur ursprünglichen, weit vorgelagerten **Insel Vis** › S. 93, die im früheren Jugoslawien Sperrgebiet war. Die Rundtour um das Eiland bzw. seinen höchsten Gipfel Hum (587 m) beginnt im hübschen, venezianisch geprägten Vis-Stadt. Von hier in Richtung Süden führt die asphaltierte Inselstraße vorbei an blühendem Klatschmohn, zieht durch Rebgärten, steigt über eine Passhöhe und senkt sich auf der Westseite der Insel hinab in die geschützte Bucht von Komiža. Beim Weiler Podšpilje können Sie noch ein Stück bergauf fahren und dann die letzten Höhenmeter zur Tito-Höhle (Titova Špilja) zu Fuß gehen. Hier soll sich der jugoslawische Partisanenchef vor deutschen Häschern versteckt haben. Dann führt die Straße hinunter nach Komiža.

Wenn Sie hier übernachten, können Sie einen Ausflug auf die **Insel Biševo** › S. 94 mit der berühmten Blauen Grotte (Modra špilja) unternehmen. Auf der nördlichen Inselstraße kehrt man nach Vis-Stadt zurück und besteigt die Fähre nach **Split.**

Verkehrsmittel

Es gibt zwar Busverbindungen zwischen den Städten, teils auch auf die Inseln, kleinere Orte werden aber nur selten bedient. Am bequemsten und flexibelsten reisen Sie mit dem eigenen Fahrzeug. In der Hochsaison müssen Sie allerdings mit Staus und Wartezeiten an den Fähranlegern und mit Verkehrsbehinderungen rund um die beliebten Badeorte rechnen, denn auch die Einheimischen fahren ans Meer. Fähren zwischen Festland und Inseln und zwischen den Inseln fahren in den Sommermonaten je nach Passagieraufkommen teils ohne Pause. Außerhalb der Saison ist der Fahrplan eingeschränkt, einige Linien fallen ganz weg. Informieren Sie sich vorab bei Jadrolinija (www.jadrolinija.hr), Fahrpläne liegen auch in den Info-Büros der Tourismusverbände aus.

Unterwegs in Norddalmatien

*Insel Pag

Die 63 km lange zerklüftete Insel bildet mit ihren tief eingeschnittenen Buchten eine äußerst karge, aber reizvolle Welt für sich. Im Frühjahr und Herbst wird sie von der eisigen Bora heimgesucht, vor der die Bauern ihr dürftiges Land mit Steinwällen schützen. Das Eiland verbindet eine 300 m lange Brücke mit dem Festland.

Pag-Stadt 1

Pag, die Inselhauptstadt, wurde 1483–1503 nach Entwürfen des Baumeisters Juraj Dalmatinac im Stil der Renaissance errichtet. Den Mittelpunkt des Ortes bildet die Kirche **Sveta Marija,** deren Fassade eine Darstellung der Schutzmantelmadonna im Tympanon und eine gotische Fensterrose zieren.

Einblicke in die traditionelle Meersalzgewinnung erhält man bei den Salinen südlich der Stadt.

Info

Tourismusverband Pag
Ulica od Špitala b.b.
23250 Grad Pag][Tel. 023/611 301
www.tzgpag.hr

Restaurant

Konoba Bile
Vela Ulica 35][Tel. 023/611 127
Die urige Kneipe serviert deftige Speisen und den köstlichen Pager Käse, dazu Wein vom Fass.

Shopping

- **Käserei Sirena**
Figurica 20][23251 Kolan
Tel. 023/698 052][www.sirena.hr
Pag ist bekannt für seinen **aromatischen Schafskäse,** den man z. B. bei dieser Käserei zwischen Pag und Novalja erwerben kann.

Echt gut!

- Überaus feine **Klöppelspitzenarbeiten** bieten Frauen entlang der Straßen Kralja Tomislava und Dmitra Zvonimira an, die Preise sind relativ hoch.

Auch auf der Insel Pag ist man stolz auf Brauchtum und Tradition

*Novalja 2

Das Städtchen ist zwar kleiner als Pag, stellt aber die Rivalin mit einem netten Hafen, Palmenpromenaden und einem Kiesstrand in den Schatten. Im Sommer ist es eine der heißesten Partymeilen Dalmatiens. Echt gut! **Zrće-Beach ist das Dorado für House- und Techno-Fans** – ruhebedürftige Urlauber sollten Novalja im Juli und August besser meiden. Im **Gradski muzej** (Stadtmuseum) verbirgt sich der Zugang zu einem römischen Kanal zur Wasserversorgung. Der mannshohe Bau verläuft auf etwa 2 km unterirdisch; 300 m weit dürfen Besucher vordringen (tgl. 9–13, 19–22 Uhr).

Hotel

Luna Island
Lun][Jakišnica b.b.
Tel. 053/654 700][www.valamar.com
Das in kühler Sachlichkeit gestaltete Hotel bietet modernen Komfort oberhalb eines Fels-/Kiesstrands, 14 km nördlich von Novalja. ●●

Restaurant

Boškinac
Novaljsko polje][Tel. 053/663 500
www.boskinac.com
Idyllisch zwischen Weinreben und Olivenbäumen gibt es modern-mediterrane Küche mit heimischen Zutaten. ●●

Aktivitäten

Lagona-Divers
Livic 85, Stara Novalja
Tel. 053/651 328
www.lagona-divers-pag.com
Pag ist ein besonders interessantes Tauchrevier: In der Bucht Vlaška Mala wurde das Wrack eines römischen Schiffes mit Amphoren aus dem 1. Jh. v.Chr. gefunden. Das Tauchzentrum organisiert von März bis November Tauchgänge und -kurse. Auch Unterkunft wird vermittelt.

5 ***Nationalpark Plitwitzer Seen 3

Der Nationalpark (Nacionalni Park Plitvička Jezera) dürfte Karl-May-Filmfreunden zumindest bildhaft ein Begriff sein, denn »Winnetou« Pierre Brice paddelte und ritt für die Filmaufnahmen in dieser herrlichen Landschaft. Zu Recht wurde das 200 km² große Areal bereits 1949 in einen Nationalpark verwandelt und 20 Jahre später von der UNESCO zum Weltnaturerbe erklärt.

Gut markierte Wanderwege führen an rauschenden Wasserfällen vorbei, die über bemooste Felsabbrüche in 16 unterschiedlich hoch gelegene Seen stürzen, in deren Kalksteintrögen das stehende Wasser türkis schimmert. Den **Kozjak-See** kann man per Elektroboot überqueren.

Satte Vegetation wuchert überall dort, wo die Wurzeln von Gras, Strauchwerk und Bäumen Halt finden. Auf dem paradiesischen Flecken dehnen sich die letzten europäischen Urwälder aus, und in den Refugien von Hainbuchen, Tannen, Fichten und Steineichen fühlen sich viele gefiederte Arten wie Wiedehopf, Eisvogel, Kauz und Kuckuck heimisch.

Info

Nacionalni Park Plitvička Jezera
53231 Plitvička Jezera
Tel. 053/751 015
www.np-plitvicka-jezera.hr
Der Park ist im Winter tgl. 9–16, Frühling/Herbst 8–18, Sommer 7–20 Uhr geöffnet, geführte Wanderungen können bei der NP-Verwaltung gebucht werden.

Verkehr

- **Anfahrt mit dem eigenen Kfz:** Für die rund 100 km lange Strecke von Karlobag an der Küste zum Nationalpark sollte man mindestens 2 Std. Zeit einkalkulieren, denn der 589 m hoch gelegene Pass Stara Vrata ist mit seinen engen Serpentinen ein Nadelöhr, durch das sich Lkws hinauf- und hinunterquälen.
- **Bahnverbindungen:** Nächster Bahnhof ist Vrhovine an der Strecke Zagreb–Split.
- **Busverbindungen:** Zum Nationalpark von Senj, Karlovac und Zadar aus.

Hotel

Jezero
NP Plitvička Jezera
Tel. 053/751 400][Fax 751 600
info@np-plitvicka-jezera.hr
Elegantes Haus mitten im Grünen des Nationalparks und mit herrlichem Blick über die Seen. ●●

Restaurant

Lička Kuča
Ulaz 1
Tel. 053/751 024
Das gemütliche, im Blockhausstil gehaltene Lokal serviert landestypische Gerichte, in Rastovaca beim Parkeingang Nr. 1. ●●

Die Plitwitzer Seen bieten ein grandioses Naturschauspiel

**Paklenica-Nationalpark 4

Einige Kilometer hinter Starigrad leitet ein unscheinbarer Wegweiser in den fast 40 km^2 großen Nationalpark im Velebit-Massiv. Der Paklenica-Fluss bahnt sich hier zwischen den Felsen seinen Weg Richtung Adria, sein reißendes Wasser – eine Seltenheit im weichen Kreidekalkstein – wusch die tiefen Schluchten **Velika** und **Mala Paklenica** (Große und Kleine Paklenica) aus. Auf gut markierten Wegen führen hier **Wanderungen durch spektakuläre Berg- und Schluchtenlandschaf-**

Echt gut!

ten, die senkrechten Wände aus hartem Triaskalk sind auch ideales Trainingsterrain für Felskletterer, und für Höhlenfans gibt es ein unterirdisches Märchenreich: die **Manita peć** bei der Großen Paklenica mit ca. 20 m langen Stalaktiten und riesigem Höhlenraum (April Sa 10–13, Juli–Sept. tgl. 10 bis 13 Uhr, Mai/Juni/Okt. Mo, Mi, Sa 10–13 Uhr).

Auch auf der Talsohle hat das 1949 unter Naturschutz gestellte Gebiet ungeahnte Reize. Feigenbäume, verkrüppelte Eichen und Hainbuchen bilden mit Ginsterbüschen und anderen Gewächsen ein mannigfaltiges Pflanzenkleid. In den Überresten verfallener Bauernhöfe und verwilderter Gärten sonnen sich Eidechsen, harmlose Nattern und auch Kreuzottern.

Info

Nacionalni Park Paklenica
Dr. F. Tudjmana 14a][23244 Starigrad
Tel. 023/369 155][www.paklenica.hr

Hotel

Vicko
J. Dokoze 20][Starigrad-Paklenica
Tel. 023/369 304][www.hotel-vicko.hr
Freundliches Haus in Strandnähe mit großem Gartenlokal und Aktivangeboten. ●●

Restaurant

Rajna
Dr. F. Tudjmana 105
Starigrad-Paklenica][Tel. 023/369 130
Das Hotelrestaurant serviert delikate Fleisch- und Fischgerichte und ist ein beliebter Treff von Kletterern. ●

**Zadar 5

Idassa, Jadera, Diadora, Zara, Zadar – die heute 80 000 Einwohner zählende Küstenstadt trug in ihrer wechselhaften Vergangenheit viele Namen. Immer wieder erlitt sie Zerstörungen und jedes Mal erhob sie sich wie ein Phönix aus ihren Ruinen. Diese Vielfalt an kulturellen Schichten macht einen Besuch in der ehemaligen Hauptstadt Dalmatiens mit ihren wehrhaften Stadtmauern und schlanken Kirchtürmen spannend.

Geschichte

Als Split im 7. Jh. Salona als Zentrum des byzantinischen Dalmatien ablöste, begann die eigentliche Stadtentwicklung von Zadar. 1202 wurde es das erste Mal zerstört, weil es sich Venedigs Einfluss zu entziehen suchte. 1409 verkaufte der letzte ungarisch-kroatische König Ladislav Napuljski schließlich den gesamten dalmatinischen Landstrich an Venedig.

1797–1918 stand die Stadt unter österreichischer Herrschaft und wurde dann bis 1945 eine italienische Enklave. Ende des Zweiten Weltkrieges war Zadar ein Ruinenfeld, 1947 begann unter Tito der Wiederaufbau, zwischen 1991 und 1995 erlitt Zadars Altstadt schwere Artillerieschäden durch militante Kraijna-Serben und die jugoslawische Armee.

Die Altstadt

Die autofreien Gassen der malerischen Altstadt mit dem quirligen Obst- und Gemüsemarkt eignen sich auch für einen gemütlichen Einkaufsbummel und zur Einkehr in einem Café oder einer Konoba bei einem Glas Maraschino-Kirschlikör, einer Spezialität nach traditioneller Rezeptur aus Zadar.

Vom Landtor zur Donatuskirche

Nur einige Schritte vom kleinen **Bootshafen** (Foša) Ⓐ entfernt, der durch einen Teil des ehemaligen Stadtgrabens gebildet wird, führt das 1543 von Michele Sanmicheli aus Verona geschaffene ***Landtor** (Kopnena Vrata) Ⓑ in die Altstadt. Das stolze Bauwerk in Form eines römischen Triumphbogens ist das bedeutendste Meisterwerk der Renaissance in Zadar und trägt den geflügelten venezianischen Löwen und das Stadtwappen von Zadar.

Hinter dem Tor biegt nach rechts die Ulica Andrije Medulića ab, die sich zum kleinen, mit einer römischen Säule geschmückten Platz, der **Trg Petra Zoranića,** öffnet. Nebenan dehnt sich der **Trg pet bunara** (Platz der fünf Brunnen) Ⓒ aus, bis ins 19. Jh. lieferten die Brunnen der Stadt Wasser.

Hinter der römischen Säule erhebt sich die Fassade von ***St. Simeon** (Sveti Šimun) Ⓓ. Die in ihren ältesten Teilen aus dem 14. Jh. stammende Kirche birgt einen besonderen Kunstschatz: Über dem Hauptaltar halten zwei bronzene Barockengel den aus Silberblech getriebenen, über fünf Zentner schweren Sarkophag des hl. Simeon.

Sv. Donat mit Römischem Forum

Zentrum der Altstadt ist der **Volksplatz** (Narodni trg) mit einer modern verglasten ***Loggia** (Gradska Loža) Ⓔ von 1562 und der aus dem selben Jahr stammenden ehemaligen Stadtwache, in der das ***Volkskundemuseum** (Etnografski Muzej) Ⓕ einen interessanten Einblick in das Alltagsleben Dalmatiens gibt (Sommer Mo–Fr 9–12, 18–21, Winter Mo/Di, Do/Fr 9–14, Mi 9–12, 17–19, Sa 9–13 Uhr). Am Volksplatz steht neben dem 1936 errichteten **Rathaus** (Dvor) Ⓖ noch der **Palazzo Ghirardini-Marci** Ⓗ, ein hübscher Bau mit spätgotischem Fenster.

Die von kleineren Geschäften gesäumte Široka ulica führt nach Westen zum ***Archäologischen**

Museum (Arheološki Muzej) **I**. Exponate wie Tonkrüge, Waffen, Grabplatten, Schmuck und Skulpturen dokumentieren hier Zadars über 2000-jährige Geschichte (im Sommer 9–14, 17–21, im Winter 9–14 Uhr).

In der Nachbarschaft des Museums stehen Zadars berühmteste Baudenkmäler: Die dreischiffige ***Marienkirche** (Sveti Marija) **J** besitzt zwar eine Renaissancefassade, dahinter versteckt sich aber eine schon Ende des 11. Jhs. geweihte Basilika. Im Spätbarock ließen die Benediktinerinnen den Kirchenraum mit aufwendigen Stuckornamenten ausstatten. Im angeschlossenen **Kloster** zeigt die Ausstellung Zlato i Srebi iz Zadra den wertvollen Kirchenschatz von Sv. Marija (Mo–Sa 10–13, 17 bis 20, So 10–12 Uhr).

Die Krone unter den Kirchenbauten gebührt der ****Donatuskirche** (Sveti Donat) **K**, deren Bau Bischof Donatus im frühen 9. Jh. in Auftrag gab und die als einmaliges Beispiel altkroatischer Architektur gilt. Das im Grundriss runde Gebäude mit erstaunlich guter Akustik ist 27 m hoch und besitzt drei Apsiden sowie eine Galerie im ersten Obergeschoss (geöffnet wie das Archäologische Museum, s.o.).

Echt gut! Ein Erlebnis sind im Sommer die **klassischen Musikabende in der Donatuskirche** mit großen Künstlern aus dem In- und Ausland im Rahmen des Internationalen Musikfestivals (Näheres unter www.donat-festival.com und beim Info Center › S. 79).

Vor dem Gotteshaus breitet sich das sog. ***Römische Forum** (Rimski Forum) **L** aus, auf dem zur Römerzeit mehrere Gebäude standen. Heute liegen auf der etwa 90 auf 45 m großen Fläche antike Säulentrommeln, kunstvoll bearbeitete Kapitelle und Sarkophage sowie Tempelreste verstreut.

Von der Donatuskirche zum Seetor

Über die Donatuskirche reicht der Blick auf den schlanken Turm der ***Kathedrale St. Anastasia** (Sveta Stošija) **M**, die auf älteren Fundamenten zwischen dem 12. und 14. Jh. erbaut wurde. Durch ein spätromanisches Mittelportal betritt man das mit barocken Altären geschmückte Hauptschiff, dessen Abschluss eine Holzdecke bildet. Der Steinsarkophag mit den Reliquien der hl. Anastasia liegt im nördlichen Seitenschiff.

Zum Kreis der berühmten Kirchenbauten zählt schließlich auch die **Chrysogonuskirche** (Sveti Krševan) **N** aus dem 10. Jh., die bereits 200 Jahre später baulich verändert und vergrößert wurde. Fassade und Apsis sind besonders schöne Beispiele romanischer Baukunst. Pfeiler, Säulenreihen, Bögen und Blendarkaden teilen die Basilika in drei Schiffe auf.

Nur wenige Häuserblocks entfernt findet man auf dem **Altstadtmarkt** (Gradska tržnica) **O** bunte Stände mit frischem Obst und Gemüse und vielen Dingen für den Alltag.

Durch das **Seetor** (Lučka Vrata) **P** aus dem 16. Jh. kommt man aus dem ummauerten historischen Kern zur Hafenpromenade, wo einen die **»Meeresorgel«**, eine Installation aus Betonröhren, mit eigenwilligen, von Meer und Wind verursachten Tönen empfängt. Hier grüßt auch die Installation **Pozdrav suncu** (»Gruß an die Sonne«), eine Scheibe, die als Sonnenkollektor fungiert.

cht gut!

Weiter westlich wurde das **Arsenal** Ⓠ als Café-Restaurant, Kulturzentrum und Internetcafé wiederbelebt › S. 80.

Im Sommer legt von der Borik Marina, westlich der Altstadt, die »M/S Plava Laguna« um 8 Uhr ab zu einer ganztägigen **Bootstour durch den reizvollen Kornaten-Archipel** › S. 94 (Kornat Excursions, Tel. 098/875 746, www.kornat-excursions.hr; tgl.).

Echt gut!

Info

Tourist Info Center
Narodni trg 1][23000 Zadar
Tel. 023/316 166
www.tzzadar.hr

Ⓐ Bootshafen
Ⓑ Landtor
Ⓒ Trg pet bunara (Platz der fünf Brunnen)
Ⓓ St. Simeon
Ⓔ Loggia
Ⓕ Volkskundemuseum
Ⓖ Rathaus
Ⓗ Palazzo Ghirardini-Marci
Ⓘ Archäologisches Museum
Ⓙ Marienkirche
Ⓚ Donatuskirche
Ⓛ Römisches Forum
Ⓜ Kathedrale St. Anastasia
Ⓝ Chrysogonuskirche
Ⓞ Altstadtmarkt
Ⓟ Seetor
Ⓠ Arsenal

Verkehr

- **Flughafen:** Zemunik, 12 km östlich, Zubringerbusse vom Busbahnhof, Tel. 023/205 800, www.zadar-airport.hr.
- **Busverbindungen:** Autobusna Postaja, Ante Storčevića, neben dem Zugbahnhof, Tel. 023/205 800.

Hotels

- **Art Hotel Kalelarga**
  Ulica Majke Margarite 3
  Tel. 023/233 000
  www.arthotel-kalelarga.com
  Brandneues elegantes Designhotel in der Altstadt mit nur 10 Zimmern und einem Gourmetrestaurant. ●●●
- **Falkensteiner Club Funimation**
  Majstora Radovana 7
  Tel. 023/555 600
  www.falkensteiner.com
  Moderner Ferienclub ca. 3 km vom Stadtzentrum am Meer mit Poollandschaft, Animation, Wellnesscenter und Sportangebot. ●●
- **Kolovare**
  Bože Peričića 14
  Tel. 023/203 200
  www.hotel-kolovare.com
  Moderne Sachlichkeit dominiert in dem großen renovierten, komfortablen Hotel, etwa 1 km östlich der Altstadt. ●●
- **Pansion Maria**
  Put Petrića 24][Tel. 023/334 244
  www.pansionmaria.hr
  Freundliche Familienpension in Meernähe, gutes Frühstück. ●●

Restaurants

- **Albin**
  Put Dikla 47
  Tel. 023/331 137
  www.albin.hr
  Frische Fisch-, Fleisch- und Geflügelgerichte, gute dalmatinische Weine. ●●
- **Dva Ribara**
  Blaža Jurjeva 1
  Tel. 023/213 445
  Nette Pizzeria in der Altstadt. ●●
- **Konoba Martinac**
  Aleksandra Paravije 7
  Mobil-Tel. 098/308 869
  Kleine Taverne, köstlicher Fisch. ●●

Nightlife

- **Arsenal**
  Trg tri bunara 1
  Tel. 023/253 833
  www.arsenalzadar.com
  Den **durchgestylten Treffpunkt der Szene** zu Longdrinks und Kulturevents muss man mal erlebt haben.
- **Ledana Lounge**
  Perivoj kraljice Jelene Madijevke
  Mobil-Tel. 095/870 6800
  www.ledana.hr
  Chillige, spacige neue Lounge-Bar, oft Live-Musik.

Ausflug nach Nin 6

Nur 22 km nördlich von Zadar liegt auf einer künstlichen Insel der geschichtsträchtige Ort. Im 1. Jh. v. Chr. errichteten hier die Römer einen Tempel, von dem noch Reste erhalten sind. Ab dem frühen 9. Jh. entwickelte sich Nin zum religiösen Zentrum Kroatiens. Anfang des 15. Jhs. bemächtigte sich Venedig der Stadt, ließ sie aber 150 Jahre später niederbrennen. Das bedeutendstes Bauwerk von Nin ist die ***Heiligkreuzkirche** (Sveti Križ), das einzige vollständig erhaltene altkroatische Gotteshaus aus dem

9. Jh. Die harmonisch proportionierte Kreuzkuppelkirche gilt als »kleinste Kathedrale der Welt«.

Einer der schönsten und beliebtesten Strände in der Nähe ist **Zaton Beach** im Ort Zaton, an der Straße nach Nin.

ht gut!

Biograd na moru 7

Der Ort (6000 Einw.) atmet Geschichte – hier wurde 1102 der ungarische König Koloman zum Herrscher über Kroatien gekrönt. Der beliebte Urlaubsort liegt malerisch zwischen großen Kiefernhainen und wartet mit guten Wassersportmöglichkeiten auf. Die beiden Marinas bieten Booten aus aller Herren Länder einen sicheren Hafen.

Hotel

Kornati

Tina Ujeviica 7][Tel. 023/383 556
www.ilirijabiograd.com
Großes und modernes Hotel am Meer mit Zimmern und Apartments; eigene Marina. Nov.–März geschl. ●●

Restaurant

Guste

Kralja Petra][Tel. 023/383 025
Freundliches Hafenrestaurant mit Fischspezialitäten und Grillgerichten. ●●

Nightlife

Lavender Bed Bar

Im Hotel Adriatic][Tina Ujevića 5
Tel. 023/383 556
Der Hotspot für die Jungen und Schönen, die in der eleganten Lounge auf Liegen Lavendeldüfte schnüffeln.

Die Heiligkreuzkirche von Nin

Aktivitäten

Galeb Aventures

Obala Kralja Petra Kresimira IV 72
Pakostane][Mobil-Tel. 091/542 3902
www.galebaventures.com
Verleih von Seekajaks, Dingis und Katamaranen für Ausflüge in die Kornaten.

*Insel Murter 8

Am Hafen von Tisno, 18 km südlich von Biograd, führt eine kleine Brücke als einziger Straßenzugang auf die knapp 20 km² große Insel. Kroaten und Italiener haben das bergige Eiland mit seinen Feigen- und Olivengärten längst als Ferienziel entdeckt, geruhsam ist es hier nur noch in der Vor- und Nachsaison.

Als erster Ort der Insel kommt **Betina** im Nordosten in Sicht. Um den Hafenplatz reihen sich Bars und Cafés, von denen aus man den Fischern beim Netzeflicken zusehen kann.

Das alte Städtchen ***Murter** in der Nachbarschaft besitzt ein kleines Zentrum um den lebhaften Platz Trg Rudina mit Cafés, einen großen Jachthafen und verwinkelte Gassen. Der hübsche Ort ist ein guter Ausgangspunkt für einen Schiffsausflug durch den Kornaten-Nationalpark.

Info

TZO Murter-Kornati
Rudina b.b.][22243 Murter
Tel. 022/434 995
www.tzo-murter.hr

Hotel

Colentum
Slanica
Tel. 022/431 100
www.hotel-colentum.hr
Die Hotelanlage liegt wunderschön in einem Kiefernwald, 50 m vom Strand und ca. 1 km von Murter entfernt an der Slanica-Bucht. Alle Zimmer mit Klimaanlage, Balkon und TV. Umfangreiches Sportangebot. ●●

Restaurant

Tic-Tac
Vlade Hrokesina 5][Murter
Tel. 022/435 230
www.tictac-murter.com
Dieses gemütliche Lokal serviert köstliche dalmatinische Speisen mit Fisch, Muscheln und Krustentieren. ●●

6 **Nationalpark Kornaten 9

Seit Beginn der 1980er-Jahre steht die adriatische Inselgruppe unter Naturschutz. Auf einer Fläche von 220 km^2 erheben sich ca. 90 karge Felseilande wie hellgraue Walrücken aus dem kristallklaren Wasser. Für grüne Farbtupfen sorgen Büsche, Grasflecken oder von Menschenhand angelegte Gärten mit Oliven-, Feigen- und Kirschbäumen. Landgänge sind ausschließlich auf markierten Pfaden und auf jenen Inseln gestattet, auf denen im Sommer Konobas und Tavernen für Besucher öffnen.

So enthüllt der Nationalpark Kornaten seinen Reiz im Grunde nur Bootstouristen und Seglern › S. 16 sowie Tauchern, besitzt doch die Inselgruppe die üppigste Unterwasserflora und -fauna der gesamten Adria. Ein- bis fünftägige Tauchexkursionen bietet ab Murter **Aquanaut** an (Tel. 022/434 575, www.divingmurter.com).

Info

Nacionalni Park Kornati
Butina 2
22243 Murter
Tel. 022/435 740
www.kornati.hr

Restaurant

Konoba Opat
Insel Kornat][Luke 47
Mobil-Tel. 091/473 2550
Beliebtes Lokal mit guter Auswahl an Fisch und Meeresfrüchten, als Dessert wird Johannisbrotkuchen serviert. ●●

Der größte Teil der Kornaten ist heute als Nationalpark ausgewiesen

Vodice 10

So wie Murter bietet auch das festländische Vodice gute Bootsverbindungen auf die Kornaten. Doch die meisten Besucher kommen hierher, um zu baden, zu flanieren oder köstlich zu speisen. An Sommerwochenenden ist an der blumengeschmückten Promenade des Jachthafens, mit Restaurants und Cafés, Hochbetrieb.

Info

Tourismusverband
Obala Vladimira Nazora b.b.
22211 Vodice][Tel. 022/443 888
www.vodice.hr

Hotel

Miramare
Ljudevita Gaja 4][Tel. 022/440 673
www.miramare-vodice.com
2011 neben dem Hotelkomplex Olympia eröffnetes Strandhotel mit persönlicher Note. ●●

***Šibenik 11

Die Hauptattraktion der Stadt (51 000 Einw.) an der Krka-Mündung ist natürlich ihre Kathedrale, die zum UNESCO-Weltkulturerbe zählt. Die Altstadt kann aber noch mit zahlreichen weiteren sehenswerten Bauwerken v. a. aus der Spätgotik und Renaissance aufwarten. Heute verleihen ihr die schmalen, verwinkelten Gassen, die ausgetretenen Steintreppen und die wehrhaften Mauern der **Festung St. Anna** (Tvrdava Sveta Ana) ein Flair wie in einem Freilichtmuseum.

7 Am schönsten zeigt sich die Stadt um die mächtige ***Kathedrale des hl. Jakob** (Katedrala svetog Jakova). Die zwischen 1431 und 1556 erbaute Kirche gilt als bedeutendster Sakralbau der Renaissance in Dalmatien. Die Portale sind mit kleinen

Rundfries mit Porträtköpfen an der Kathedrale des hl. Jakob

Figuren, gedrehten Steinsäulen und kunstvoll gearbeiteten Blättermotiven dekoriert. Außergewöhnlich ist ein Rundfries an der Außenwand des Chores, der 74 von Dalmatinac gemeißelte fratzenhafte Porträtköpfe stadtbekannter Zeitgenossen zeigt (April bis Sept. 8.30–20, Okt.–März 8.30–12, 16–18.30 Uhr).

Auf dem Platz vor der Kathedrale, wo der Bildhauer Ivan Meštrović dem berühmten Kollegen Dalmatinac ein Denkmal errichtete, fällt die **Stadtloggia** (Gradska loža) mit ihrer außergewöhnlichen Renaissancefassade und ihrem überaus hübschen Arkadengang auf.

An die Südseite der Kathedrale schließt sich der im 16. Jh. vollendete **Rektorenpalast** an, der das **Stadtmuseum** (Muzej grada Šibenika) beherbergt. Die Ausstellungen präsentieren hauptsächlich archäologische Funde (tgl. 10–13 und 18–20 Uhr). Unterhalb der Kathedrale lockt die Hafenpromenade zum Bummeln.

Info

Tourist Information Center
Obala Dr. Franje Tudjmana 5
Tel. 022/214 448][22000 Šibenik
www.sibenik-tourism.hr

Verkehr

Jadrolinija Fähre
Tel. 022/213 468
www.jadrolinija.hr
Personenfähre zu den Inseln Zlarin, Kaprije und Žirje.

Hotels

■ **Panorama**
Šibenski most
Tel. 022/213 398
www.hotel-panorama.hr
Der moderne Klotz ist keine Schönheit, aber komfortabel ausgestattet – und das Panorama ist herrlich. ●●

■ **Zlatna Ribica**
Brodarica
Spužvara 46
Tel. 022/350 695
www.zlatna-ribica.hr
Die Familienpension ist malerisch in einer Bucht südlich von Šibenik gelegen und verfügt über freundliche Zimmer. Im Restaurant serviert man **hervorragende Fisch- und Meeresfrüchte-Gerichte.** ●–●● Echt gut

Restaurants

■ **Barun**
Podsolarsko 66
Tel. 022/350 666
Edel-Fischrestaurant beim Hotelkomplex Solaris. Etwas steife Atmosphäre, aber exzellente Küche. ●●●

■ **Četvorka**
Trg Dinka Zavorovića 4
Schickes Café-Restaurant im barocken Ambiente der Altstadt. ●●

Ausflug in den **Krka-Nationalpark 12

Die Krka, der bei Knin entspringende größte Fluss Mitteldalmatiens, zergliedert sich in schmale Buchten und lang gezogene Wasserarme, die den Nationalpark im Hinterland von Šibenik zu einer Landschaft von seltener Schönheit machen. Vom verschlafenen Parkzentrum **Skradin** aus lässt sich die Gegend per Boot gut erkunden. Noch grandioser zeigt sich das Naturschutzgebiet, wenn man mit dem Auto über Lozovac nach **Skradinski Buk** zum größten Travertin-Kaskadensystem Europas fährt. Vom Parkeingang kann man auf der Serpentinenstraße bergab bis zum ca. 3 km entfernten Krka-Ufer spazieren oder mit dem Pendelbus dorthin fahren. Hier lässt es sich herrlich **wandern zwischen rauschenden Wasserfällen und Bächen sowie moosbedeckten Felsen.**

cht gut!

Info

Nacionalni Park Krka
Trg Ivana Pavla II br. 5
22000 Šibenik
Tel. 022/201 777
www.npkrka.hr

Hotel

Vrata Krke
Lozovac b.b.][Tel. 022/778 091
www.vrata-krke.hr
Das am Parkeingang gelegene Haus mit stilvollen Zimmern ist die ideale Basis für Nationalparktouren. ●●

Abkühlung in der Krka

***Trogir 13

Das historische Zentrum der Hafenstadt (8500 Einw.), das zum UNESCO-Weltkulturerbe gehört, liegt auf einer künstlich geschaffenen Insel. Eine Brücke überspannt den schmalen Kanal, der das Festland vom Altstadtlabyrinth trennt.

Das romantisch anmutende Mittelalter beginnt am **Landtor.** Über dem engen Durchlass der Stadtmauer steht seit rund 300 Jahren die verwitterte Statue des Schutzheiligen von Trogir, St. Ivan Ursini. Ihm weihten die Einwohner auch die im Jahre 1213 begonnene ***Kathedrale** (Katedrala sveti Lovro) am Trg Ivan Pavla II. Prunkstück des romanisch, gotisch und von der Renaissance geprägten Bauwerkes ist das 1240

Kunterbuntes Treiben vor der Fischhalle in Trogir

vollendete **Westportal. Der kroatische Bildhauer Radovan zog bei den figürlichen Darstellungen alle Register seiner Kunst. Im Inneren der Kathedrale finden sich zwei Meisterwerke der Renaissance: die Taufkapelle von Andrija Aleši und die Orsini-Kapelle von Nikola Firentinac.

Vor der Westfassade des Doms fällt der Blick auf den prachtvollen **Čipiko-Palast,** ein typisches Patrizierhaus des 15. Jhs. Etwa um dieselbe Zeit entstand auf der Südseite des Platzes die offene ***Loggia,** in der Ratssitzungen und Prozesse stattfanden.

An die kleine Loggia an der Riva angebaut ist die offene ***Fischhalle.** Die Fischkutter, die am frühen Morgen von ihren Fahrten zurückkehren, gehen am Kanal von Trogir gleich in der Nachbarschaft der Fischhalle vor Anker, um ihren frischen Fang zu entladen – **ein farbenprächtiges Spektakel.** Echt gut

Info

Tourismusverband

Trg Ivana Pavla II br. 2][21220 Trogir
Tel. 021/881 412][www.tztrogir.hr

Verkehr

Busverbindungen: Von dem Busbahnhof vor der Stadt am Kanal verkehren u. a. alle 30 Min. Busse nach Split.

Hotels

■ **Concordia**
Obala bana Berislavića
Tel. 021/885 400
www.concordia-hotel.net
Kleines schmuckes Hotel zwischen Dominikanerkloster und Festung. ●●

■ **Fontana**
Obrov 1][Tel. 021/885 744
www.fontana-commerce.htnet.hr

Freundliches Hotel im Herzen der Altstadt mit kleinem, sehr gutem Restaurant. ●●

■ **Medena**
Hrvatskih žrtava 187
Seget Donji][Tel. 021/800 022
www.apartmani-medena.hr
Großes Apartment-Dorf im Vorort Seget Donji, ca. 2 km von der Altstadt entfernt. Schön in Terrassen angelegt, mit Restaurants und Sportangebot. ●●

■ Auf Čiovo, das durch eine Brücke mit der Altstadt verbunden ist, vermittelt das Touristenbüro (TZG) Zimmer der Kategorien ●–●● in **Privathäusern**.

Restaurants

■ **The End**
Matje Gupica 10][Tel. 021/884 284
Ein paar Tische zwischen Altstadthäusern. Italienisch inspirierte Küche. ●●●

■ **Kamerlengo**
Vukovarska 2][Tel. 021/884 772
www.kamerlengo.hr
Beliebtes Lokal beim Dominikanerkloster. Deftiges vom Holzkohlengrill. ●●

■ **Alka**
Augustina Kažotića 15
Tel. 021/881 856
Tische auf einem kleinen, ruhigen Platz hinter dem Dominikanerkloster. Gute Küche und große Weinauswahl. ●●

Nightlife

■ **Sveti Dominik**
Blazenog Augustina Kazotica 1
www.svdominik.com
Angesagte Cocktail-Bar am Hafen.

■ **Smokvica**
Radovanov trg 9
www.smokvica.com
In der Lounge-Bar gibt's im Sommer täglich Live-Musik.

***Split 14

Wie ein Schiffsbug ragt die Halbinsel Marjan mit der zum UNESCO-Weltkulturerbe zählenden Altstadt von Split ins Meer hinaus. Wo vor 1700 Jahren der römische Kaiser Diokletian den Ruhestand genoss, sitzen heute Studenten in den Cafés. Die geschichtsträchtigen Mauern seines Palastes verleihen der Altstadt ihren unwiderstehlichen Reiz.

Geschichte

Dort, wo Split (220 000 Einw.) um den Vorort Solin mit Industrieanlagen und Wohnvierteln im Kasernenstil alles andere als einladend aussieht, liegen am nordwestlichen Ortsausgang versteckt die Überreste von Salona, dem administrativen, wirtschaftlichen und religiösen Zentrum der ostadriatischen Besitzungen Roms. In Salona stand im 3. Jh. die Wiege des späteren Kaisers Gaius Valerius Aurelius Diocletianus (284 bis 305), der zum Gründer der Stadt Split werden sollte. Nach seiner freiwilligen Abdankung 305 zog er sich in seine Heimat zurück und ließ einen riesigen Palast von 180 m Breite und 200 m Länge bauen.

Dreihundert Jahre später suchten Flüchtlinge aus Salona vor den angreifenden Awaren und Slawen Schutz in seinen Mauern. In den folgenden Jahrhunderten dehnte sich die mittelalterliche Stadt über die Schutzmauern der Anlage aus. Insbesondere während der Renaissance ließen sich wohlhabende Bürger von berühmten Baumeistern wie Juraj Dalmatinac, Andrija Aleši und Nikola Firentinac Paläste und Residenzen erbauen.

8 ***Diokletian-Palast

Idealer Ausgangspunkt für eine Stadtbesichtigung ist die schöne, von Palmen gesäumte Uferpromenade **Riva** Ⓐ, wo zahlreiche Cafés zur Verschnaufpause einladen.

Gleich hinter ihr erhebt sich eindrucksvoll das imposante antike Gemäuer des Diokletian-Palasts (Dioklecijanova Palača), in dem im Lauf der Jahrhunderte der alte Stadtkern entstand.

Seit jeher ist die Diokletian-Palastanlage ein Touristenmagnet

Seetor, Peristyl und Vestibül

Das **Seetor** Ⓑ führt in das Untergeschoss des Palastes. Im Dämmerlicht erkennt man riesige, aus Bruchstein und braunen Ziegeln gemauerte und auf quadratischen Pfeilern ruhende Gewölbe. In einzelnen Nischen stehen Verkaufstische, an denen allerlei Krimskrams gehandelt wird.

Ein Treppenaufgang führt von hier zum sorgfältig restaurierten **Peristyl** Ⓒ, dem heutigen Zentrum der Palastanlage an der Kreuzung der beiden historischen Hauptachsen. Der offene, rechteckige Innenhof ist von Säulen mit korinthischen Kapitellen und schlanken Arkaden gesäumt. Er diente zu Zeiten Diokletians Repräsentationszwecken.

Das **Vestibül** Ⓓ hingegen bildete ehemals einen Teil der kaiserlichen Wohnräume, die größtenteils zerstört sind. Hier residiert auch das Design-Hotel Vestibul Palace › S. 91.

Im **Café Luxor** am Peristyl sollte man sich im Schutz der Sonnenschirme eine Ruhepause gönnen und einen Cappuccino schlürfen. Echt gut

*Kathedrale des hl. Domnius Ⓔ

An der Ostseite des Peristyls führen Treppen zum Eingang der achteckigen Kathedrale (Sveti Duje). Sie entstand im Mittelalter über dem ehemaligen Mausoleum von Kaiser Diokletian, dessen Sarkophag im 7. Jh. zerstört wurde.

Die Hafenpromenade mit dem Glockenturm der Kathedrale von Split

Beachten Sie die von Andrija Buvina 1214 geschnitzten Türflügel des **Eingangsportals,** die 28 biblische Szenen zeigen. Zu den bildhauerischen Glanzstücken des 25 m hohen Innenraums gehören die filigranen Kapitelle der romanischen **Kanzel** aus dem 13. Jh. sowie die **Geißelung Christi** von Dalmatinac am linken Seitenaltar. Die **Schatzkammer** birgt wertvolle historische Handschriften, Reliquiare und Brustkreuze (im Sommer tgl. 9–18 Uhr, im Winter nach Voranmeldung).

Weitere Bauwerke von Antike bis Barock

Gegenüber der Kirche führt eine schmale Gasse zum sogenannten **Jupitertempel** F, der den antiken Gottheiten Triton, Helios, Apollon, Herakles und Viktoria geweiht ist. Zu seinen schönsten Teilen gehört das aufwendig ornamentierte Ostportal.

Am **Osttor** G des Palastes vorbei führt der Weg weiter in den nordöstlichen Teil der kaiserlichen Anlage und zum spätgotischen **Papalić-Palast** H mit einer Loggia und einer schönen Freitreppe – auch hier soll Baumeister Juraj Dalmatinac beteiligt gewesen sein. Besonders eindrucksvoll sind die großen Säle im ersten und zweiten Geschoss, in denen das Museum der Stadt neben Werken einheimischer Künstler eine Dokumentation über die Geschichte Splits zeigt (Sommer Di–Fr 9–21, Sa/So 9–13, Winter Di–Fr 9–16, Sa/So 10–13 Uhr).

Am östlichen Teil der Ost-West-Achse des Decumanus, die heute den Namen Krešimirova trägt, demonstriert der **Cindro-Palast** I, wie wohlhabende Einwohner zur Zeit des Barock bauten und lebten.

Nicht weit vom Cindro-Palast entfernt führt das **Eiserne Tor**

(Željezna vrata) J aus der Enge des Diokletian-Palastes heraus auf den Volksplatz.

In der Altstadt

Die schönste Fassade am **Narodni trg,** dem Volksplatz, besitzt das **Alte Rathaus** K mit seinen dreiteiligen gotischen Spitzbögen aus dem 15. Jh.

Durch schmale Gassen mit kleinen Läden geht es in Richtung Westen zur überdachten **Markthalle** L. Der »Bauch von Split« zeigt sich nicht kaiserlich, sondern volkstümlich. Täglich wechseln hier riesige Berge von Obst und Gemüse ihre Besitzer.

Jenseits der Straße Marmontova dehnt sich mit dem **Trg Republike** M ein auf zwei Seiten von Arkadengängen umgebener Platz aus, bei dessen Bau der Markusplatz in Venedig Pate gestanden haben soll.

Auf der Hafenpromenade kehrt man Richtung Diokletian-Palast zurück. Auf dem **Trg Braće Radica** N erinnert das Denkmal für Marko Marulić (1450–1524) an den aus Split stammenden Humanisten, der vielen Kroaten als Begründer ihrer Literatur gilt.

In der nordwestlich des Stadtzentrums gelegenen Zrinsko-Frankopanska 25 präsentiert das ***Archäologische Museum** (Arheološki Muzej) antike Funde vor allem aus Salona – kunstvoll gearbeitete Sarkophage, Mosaiken,

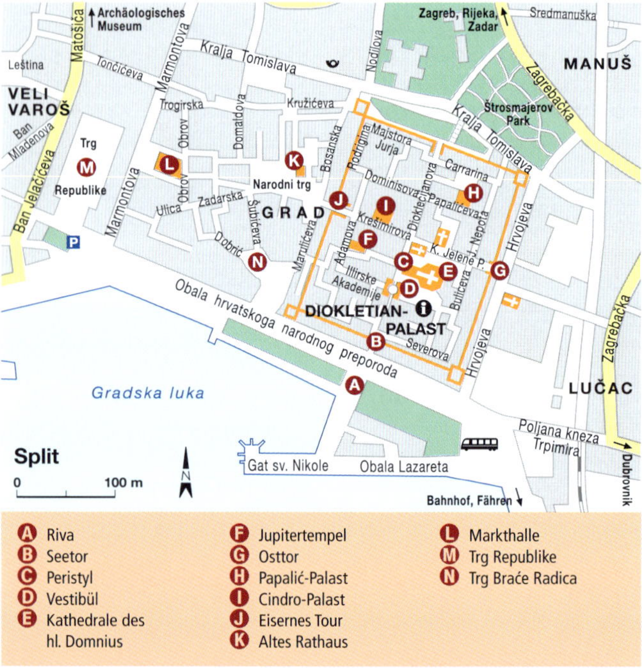

- A Riva
- B Seetor
- C Peristyl
- D Vestibül
- E Kathedrale des hl. Domnius
- F Jupitertempel
- G Osttor
- H Papalić-Palast
- I Cindro-Palast
- J Eisernes Tour
- K Altes Rathaus
- L Markthalle
- M Trg Republike
- N Trg Braće Radica

Narodni trg, der Volksplatz, mit dem Alten Rathaus von Split

Keramik und Schmuck –, außerdem ein Taufbecken aus dem 9. Jh., das bei dem Ort Nin › S. 80 gefunden wurde (Sommer Mo–Sa 9–14, 16–20, Winter Mo–Fr 9–14, 16–20, Sa 9–14 Uhr, www.mdc.hr/split-arheoloski).

Info

Tourist Info Center
Peristyl b.b.][21000 Split
Tel. 021/345 606][www.visitsplit.com

Verkehr

■ **Flughafen Split-Kastela**
24 km westlich][Tel. 021/203 555
Fax 203 422][www.split-airport.hr

■ **Bahnhof**
Obala kneza Domagoja 8
Tel. 021/333 444][www.hznet.hr
Von hier fahren Züge nach Zagreb.

■ **Busbahnhof**
am Hafen][Ulica kneza Domagoja 12
Tel. 060/327 777][www.ak-split.hr

■ **Jadrolinija**
im Fährhafen][Tel. 021/338 333
Fährverbindungen zu dalmatinischen Inseln wie Hvar, Korčula, Vis und Brač.

Hotels

■ **Park Hotel**
Hatzeov perivoj 3][Tel. 021/406 400
www.hotelpark-split.hr
Preisgekürtes, modernisiertes Haus in historischem Bau an der Bačvice-Bucht. ●●●

■ **Vestibul Palace**
Iza Vestibula 4][Tel. 021/329 329
www.vestibulpalace.com
Das Designerhotel kombiniert Geschichte und Moderne, Eleganz und Luxus in nur fünf Zimmern und zwei Suiten. ●●●

■ **Slavija**
Buvinina 2][Tel. 021/323 840
www.hotelslavija.hr
Dieses Haus im Diokletianspalast ist einfacher, aber angenehm. Vom vierten

Stock aus genießt man den Blick über die Dächer. ●●

■ **Al's Place**

Kružićeva 10

Tel. 098/918 2923

www.hostelsplit.com

Echt gut! **Charmantes Hostel** mit Mehrbettzimmern unter britischer Leitung, nahe dem Diokletian-Palast. Nur April–Okt. geöffnet. ●

Restaurants

■ **Noštromo**

Kraj Sv. Marije 10][Tel. 091/405 6666

www.restoran-nostromo.hr

Seit Jahren Splits beste Restaurantadresse mit delikater Fischküche nach traditionellen Rezepten. ●●●

■ **Boban**

Hektorovićeva 49][Tel. 021/543 300

www.restaurant-boban.com

Das alteingesessene Restaurant überrascht mit immer neuen Gerichten, so z.B. Seeteufel in Speckmantel und köstlichem Risotto. ●●

■ **Adriatic Grašo**

Uvala Baluni b.b.][Tel. 021/398 560

Luftig eingerichtetes Fischlokal mit Slow Food in der Marina der Luka-Bucht. ●●

■ **Koralj**

Uvala Baluni][Tel. 021/398 568

Das Lokal am Jachthafen serviert dalmatinische Speisen, Spezialitäten sind Fisch- und Meeresfrüchtegerichte. ●●

■ **Konoba Varoš**

Ban Mladenova 9][Tel. 021/396 138

Das bei den Splitern beliebte Lokal serviert Gerichte aus der Peka und köstliche gegrillte Lammrippchen. ●●

■ **Zlatna Vrata**

Dioklecijanova 7][Tel. 021/345 015

In den historischen Räumen des Bistros gibt es gute Pizza. ●●

Nightlife

Club Vanilla

Poljudsko šetalište

Mobil-Tel. 098/293 522

www.vanilla.hr

Modern gestylte Räume, gelegentliche Live-Auftritte und prominente DJs sorgen für gute Stimmung.

*Kaštelanska Riviera 15

Sieben im 15./16. Jh. errichtete **Kastelle säumen die Küste zwischen Trogir und Split.** Echt gut! Anfang des 20. Jhs. war diese »Riviera der Kastelle« eines der beliebtesten Reiseziele gekrönter europäischer Häupter; heute wird der Reiz dieser vergessenen und teils durch Industriebetriebe verunstalteten Küste gerade wiederentdeckt:

Einen Besuch wert ist **Kaštel Lukšić,** 1564 von der Trogirer Adelsfamilie Vitturi errichtet. Eine Zugbrücke führt hinein in den hübschen Renaissance-Innenhof des Schlosses, in dem heute ein kleines Museum und die Touristeninformation der Kaštelanska Riviera residiert.

Das zierliche **Kaštel Gomilica** wurde von Benediktinerinnen aus Split errichtet: Die romanische Kirche stammt aus dem 12. Jh.

Kaštel Sućurac entstand ab 1392 um einen Wehrturm. 1488 wurde eine Sommerresidenz für die Spliter Bischöfe daneben gesetzt und schließlich das Anwesen mit Mauern befestigt. Zwischen den Orten und ihren Kastellen liegen schattige Parks (besonders

Auf Vis findet man traumhafte Badebuchten wie hier bei Rukavac

um Kaštel Lukšić); Felsabschnitte wechseln mit Sand- und Kiesbuchten ab.

Info

Tourismusverband

Dvorac Vitturi][21215 Kaštel Lukšić
Tel. 021/228 355
www.kastela-info.hr

Insel Vis

Die weit vorgelagerte Insel (5000 Einw.) war in gesamtjugoslawischer Zeit Sperrgebiet; heute zählt sie zu den ursprünglichsten und selten besuchten Eilanden Kroatiens, nicht zuletzt wegen der langen Anfahrt. Besiedelt war Vis schon von den Griechen, die es »Issa« nannten, später kamen Römer, Venezianer, Habsburger, und im Zweiten Weltkrieg diente die Insel dem Partisanengeneral und späteren jugoslawischen Staatschef Tito als Unterschlupf. Die von ihm benutzte Höhle beim Weiler Podšpilje am Berg Hum (587 m) ist heute als **Titova Špilja** eine Insel-Sehenswürdigkeit.

Vis-Stadt 16

Malerisch präsentiert sich die Inselhauptstadt Vis, deren ziegelgedeckte Häuser mit Fassaden aus gelblichem Stein eine weite Bucht säumen, in die eine Halbinsel samt Kirche hineinragt. Das

Meerwasser ist kristallklar – selbst im Hafenbecken –, was Vis für Taucher und Schnorchler besonders attraktiv macht, denn die Sicht unter Wasser ist einmalig. Im **Archäologischen Museum** in der Festung Baterija bekommen Sie einen Überblick über die historische Entwicklung der Insel (im Sommer Di–So 9–13, 17 bis 19 Uhr).

Info

Tourismusverband
Šetalište Stare Isse 5][21480 Vis
Tel. 021/711 144][www.tz-vis.hr

Hotel

San Giorgo
Petra Hektorovića 2][Tel. 021/711 362
http://hotelsangiorgiovis.com
Echt gut! Angenehmes kleines Privathotel im Kut-Viertel mit schönem Hof, gutem Restaurant, sehr aufmerksamem Service und Fahrradverleih. ●●●

Restaurant

Konoba Vatrica
Obala kralja P. Krešimira IV 13
Tel. 091/594 074][www.vatrica.hr
Serviert beste Fisch- und Meeresfrüchte-Gerichte mit regionalen Zutaten sowie Weine auch aus eigenem Anbau. Unter Seglern eine Top-Adresse in Dalmatien. ●●

Aktivitäten

Dodoro Diving
Trg Klapavica 1][Tel. 091/251 2263
www.dodoro-diving.com
Die etablierte Tauchbasis organisiert diverse Tauchexkursionen – darunter auch Wrack-, Höhlen- und Nachttauchgänge. Außerdem Kursangebote.

Komiža 17

Die Häuser des hübschen Städtchens Komiža scharen sich um den Hafen mit seinem türkisgrünen Wasser, auf dem sich die Masten von Luxusseglern zunicken. Gegen Abend duftet es aus den wenigen Restaurants nach Knoblauch und gebratenem Fisch. Dann flaniert man auf der Hafenpromenade am 400 Jahre alten Festungsturm vorbei, der ein kleines Fischereimuseum beherbergt (Sommer Mo–Sa 10–12, 19–21, So 19–21 Uhr).

Insel Biševo 18

Zahlreiche Anbieter organisieren von Komiža aus Tagesfahrten nach Biševo, zur bekannten **Modra spilja,** einige auch mit Tauchgang. Am intensivsten ist das tiefe Blau der Meeresgrotte zwischen 11 und 12 Uhr, wenn die Sonnenstrahlen durch eine Felsspalte das Wasser zum Strahlen bringen. Echt gut

Hotel

Biševo
Ribarska 72][Tel. 021/713 279
www.hotel-bisevo.com.hr
Sympathisches Strandhotel am Ortsrand von Komiža, zweckmäßige Zimmer, meist mit Meerblick. Wassersportangebote. ●●

Restaurant

Riblji Restoran Komiža
Riva Sv. Mikule][Tel. 021/713 302
An der Hafenpromenade von Komiža. Ein Gaumenschmaus sind gegrillte Tintenfische mit gemischtem Salat ●●

In den Altstadtgassen von Hvar

Süddalmatien

Nicht verpassen!

- Strandvergnügen am Goldenen Horn von Brač
- Lavendelblüte auf Hvar
- Moreška-Tänze auf Korčula
- Spaziergang auf Dubrovniks Wehrmauer
- Konzerte in historischem Ambiente beim Dubrovnik-Sommerfestival

Zur Orientierung

Auch das südliche Dalmatien geizt nicht mit landschaftlichen und kulturellen Highlights; für Entspannung nach den Wanderungen oder Besichtigungstouren sorgen die herrlichen Strände auf dem Festland oder auf Inseln wie **Brač.** Spektakuläre Natur findet man im Norden bei **Omiš** in der **Cetina-Schlucht,** schier unbegrenzte Bade- und Freizeitmöglichkeiten anschließend entlang der **Makarska-Riviera.** Auch die vorgelagerte Insel **Hvar** zieht im Sommer zahlreiche Sonnenanbeter und Wassersportler an. Die romantischen Inselstädtchen bilden den kulturellen Rahmen.

Weiter südlich ist die **Halbinsel Pelješac** nur durch einen schmalen Isthmus von der **Insel Korčula** getrennt. Hier reifen die besten süddalmatinischen Weine und in den Gewässern vor Pelješac gedeihen köstliche Austern.

Die »Perle der Adria«, das im UNESCO-Weltkulturerbe gelistete **Dubrovnik,** beherrscht mit seiner wunderbar erhaltenen Altstadt und den wuchtigen Wehrmauern den südlichsten Teil dieser Ferienregion. Mittelalter live lässt sich hier erleben, dazu exquisite Restaurants, ein pulsierendes Kultur- und Nachtleben und natürlich auch Badespaß an den Stränden. Wenn Sie unverfälschte Natur suchen, fahren Sie auf die zum Nationalpark erklärte **Insel Mljet.** Karibische Gefühle wecken die **Elaphiten-Inseln.** Und Dubrovnik im Kleinen, viel Ruhe und herrliche Tauchreviere finden Sie an der Bucht von **Cavtat.**

Von dort lohnt ein Abstecher ins benachbarte Montenegro zur landschaftlich wie kunsthistorisch einzigartigen **Bucht von Kotor.**

Touren in der Region

Karst und Küste

7 Makarska › Sv. Jure › Makarska › Tučepi › Gornji Tučepi › Podgora › Igrane

Länge: 1–2 Tage, 70 km
Praktische Hinweise: Die Straße von Makarska auf den höchsten Berg des Biokovo-Massivs, Sv. Jure (1762 m), ist steil, schmal und voller Haarnadelkurven. Sie brauchen gute Nerven und sollten für die 23 km eine Stunde einplanen. Der in Makarska startende Wanderweg auf den Sv. Jure stellt hohe Anforderungen an Trittsicherheit und Kondition, die Gehzeit beträgt ca. 6 Std. Wenn Sie sich von Experten fahren oder führen lassen wollen, ist Biokovo Active Holidays die richtige Adresse (Kralja Petra Krešimira IV. 7b, Makarska, Tel. 021/679 655, www.biokovo.net).

Ausgangspunkt und Hauptort der Makarska-Riviera ist ***Makarska** › S. 104. Von hier folgen Sie der Küstenstraße nach Süden, biegen aber nach 1,5 km auf die Straße in Richtung Vrgorac ab (Straße 512). Nach rund 5 km ist am Eingangstor zum **Naturpark Biokovo** Eintritt zu entrichten. Von hier schlängelt sich die Piste die Hänge hinauf. Nach einer Serie atemberaubender Kehren verdienen die Nerven eine Pause: Auf einem ausgeschilderten geologischen Lehrpfad kann man in etwa 20 Minuten die Erosionsformen des Karstes studieren. Danach geht's noch dramatischer hinauf zum Gipfel mit der kleinen Wallfahrtskapelle **Sv. Jure** und einem grandiosen Küstenpanorama.

Auf gleichem Weg fahren Sie zurück nach **Makarska** und weiter auf der Küstenstraße zu weiteren Riviera-Städtchen: **Tučepi** ist ein moderner Badeort, Hotels und Ferienhäuser säumen hier die Küstenlinie. Wesentlich interessanter ist die alte Siedlung **Gornji Tučepi,** die man auf einem rund 45-minütigen Spaziergang bergauf erreicht.

Unten an der Küste ist **Podgora** › S. 105 die nächste Station. In dem hübschen Ort kann man durchaus einen Tag vertrödeln und im glasklaren Wasser planschen. Oder man fährt dazu 7 km weiter in das kleine Hafenstädtchen **Igrane,** das sich auf einer Halbinsel erhebt, überragt vom Wehrturm Zalina kula und der barocken Pfarrkirche (18. Jh.), gesäumt von einem schönen Strand.

Winzer und Austern

(8) Ston › Žuljana › Trstenik › Potomje › Orebić › Korčula › Lumbarda › Pupnat › Smokvica › Blato › Vela Luka

Länge: 1–2 Tage, 120 km
Praktische Hinweise: Am besten unternehmen Sie die Tour im eigenen Fahrzeug; Busse halten nicht in den kleineren Orten. Die Fährpassage zwischen Pelješac und Korčula muss nur in der Hochsaison vorausgebucht werden. Auf Pelješac haben sich Weingüter zur Etablierung einer Weinstraße zusammengeschlossen und bieten Verkostungsmöglichkeiten, ebenso auf Korčula.

Ston › S. 109 ist Ausgangspunkt der Tour über Pelješac und die Insel Korčula. Deren Austernbänke versprechen herrliche Genüsse, doch auch die Halbinsel hat einiges zu bieten: Weinstraßen und Weinkeller, in denen Dingač und Plavac ihrer Vollendung entgegenreifen, reihen sich zwischen Ston und Orebić aneinander.

3 km nach Putniković biegt von der Durchgangs- eine Stichstraße nach **Žuljana** ab, wo ein paar Häuser, die sich an die Felsen drängen, die Kulisse für eine smaragdgrüne Bucht mit idyllischem Kiesstrand bilden. Erste Verkostungen bieten sich in **Trstenik** und nur wenige Kilometer weiter in **Potomje** an. In **Orebić** › S. 110 angekommen, sollten Sie dem Franziskanerkloster einen Besuch abstatten: Es war quasi der Horch-

posten der Republik Ragusa, des heutigen Dubrovnik, deren Konkurrentin Venedig das gegenüberliegende Korčula besetzt hielt.

Dann geht's mit der Fähre zum Puppenstädtchen ****Korčula** › S. 112. Bevor man zur Inselerkundung aufbricht, lohnt ein Abstecher nach **Lumbarda** › S. 113, berühmt für seine Sandstrände und den hervorragenden Grk-Weißwein. Von dort führt die Inselstraße durch zunächst karge, dann immer fruchtbarere Landschaft nach **Pupnat,** wo ein Abstecher zur romantischen Strandbucht

7 **Karst und Küste: Biokovo-Naturpark und Makarska-Riviera**
Makarska › Sv. Jure › Makarska › Tučepi › Gornji Tučepi › Podgora › Igrane

8 **Winzer und Austern: Pelješac und Korčula** **Ston › Žuljana › Trstenik › Potomje › Orebić › Korčula › Lumbarda › Pupnat › Smokvica › Blato › Vela Luka**

9 **Dalmatinische Karibik: Die Elaphitischen Inseln** **Durbrovnik › Koločep › Lopud › Šipan › Dubrovnik**

Pupnatska Luka Sie sicher zum Schwärmen bringt. In **Čara,** an der Hauptstraße, und im nächsten Ort **Smokvica** › S. 114 kann man hervorragende Pošip-Weine probieren und kaufen. Nach Nordwesten abbiegend mäandert man auf der Küstenstraße entlang und entdeckt weitere hübsche Badeplätze. **Blato** im Inselinneren ist berühmt für seine Lindenallee.

Vela Luka › S. 114 an der Nordspitze ist Korčulas größte Siedlung und Hafen für die Autofähren der Jadrolinija. Von hier könnten Sie per Schiff nach Dubrovnik weiterfahren oder aber auf gleichem Weg nach **Ston** zurückkehren.

Dalmatinische Karibik

9 Durbrovnik › Koločep › *Lopud › Šipan › Dubrovnik

Länge: 2–3 Tage, Fährpassagen insgesamt 1,45 Std.

Praktische Hinweise: Die Inseln Koločep, Lopud und Šipan sind nur mit Personenfähren (keine Autos) ab Dubrovnik erreichbar. Im Sommer verkehren diese viermal am Tag, die Tour wäre theoretisch also auch an einem Tag machbar.

Morgens, meist gegen 9 Uhr, legt die Fähre in ***__Dubrovniks__ › S. 114 Hafen Gruž in Richtung Elaphitische Inseln ab. Der erste Halt 30 Minuten später ist **Koločep** › S. 121. Das kleinste der drei Eilande ist üppig bewachsen; wer Lust hat, kann die Zeit bis zur Weiterfahrt mit dem nächsten Schiff hier mit einer Inselwanderung oder mit Baden am Strand von Donje Selo verbringen.

Mittags legt die nächste Fähre an, und ab geht's auf die Nachbarinsel ***Lopud** › S. 121. Hier ist schon etwas mehr los als im verschlafenen Koločep. Restaurants und einige Hotels säumen die Bucht, im Inselstädtchen sind Renaissance-Häuser, ein Kloster und die Pfarrkirche sehenswert. Lopuds Hauptattraktion ist aber ihr Sandstrand, zu dem man in etwa 20 Min. hinüberwandern kann.

Lopud ist ideal für einen Übernachtungsstopp, bevor Sie am nächsten Morgen mit der Fähre zur dritten Insel ***Šipan** › S. 122 weitertuckern. Dort steigen Sie am zweiten Anleger, Sudjurat, aus, wo man burgartige Villen aus der Ragusaner Ära bewundern kann. Bei einer schönen Wanderung quer über die Insel erreichen Sie nach rund 90 Minuten Šipanska Luka. Um den Hafenort sorgen Badebuchten für Erfrischung und mittags führt der Weg ins Kult-Restaurant »Kod Marka« mit dem angeblich frischesten Fisch Süddalmatiens. Mit der Nachmittags- oder Abendfähre geht es schließlich zurück nach **Dubrovnik.**

Verkehrsmittel

Auch in Süddalmatien ist es von Vorteil, mit dem eigenen Fahrzeug zu reisen, da öffentliche Verkehrsmittel nur größere Orte bedienen. Fährpassagen sollte man in der Hochsaison vorausbuchen oder zeitig am Hafen sein (Fahrpläne unter www.jadrolinija.hr).

Karte Seite 98

Unterwegs in Süddalmatien

Insel Brač

Hauptattraktionen der mit knapp 400 km^2 und 15 000 Einwohnern größten süddalmatinischen Insel sind die idyllischen Badestrände entlang der Südküste, allen voran das Goldene Horn, das bei Surfern sehr beliebt ist. Zudem schmückt sich Brač mit einem Superlativ: Die 778 m hohe **Vidova Gora** ist die höchste Erhebung im kroatischen Inselreich.

Verkehr

Autofähren verkehren zwischen Split–Supetar und Makarska–Sumartin, Tragflügelboote zwischen Split und Bol.

Supetar 1

Der Hafen- und Urlaubsort mit seinem typischen mediterranen Flair ist das touristische Zentrum von Brač, im Städtchen locken Bars und Restaurants, Weinprobierstuben und Verkaufsstände.

Eine Attraktion etwas landeinwärts von Supetar ist das Museumsdorf **Škrip** mit bestens erhaltenen, alten Bauernhäusern. Diese dienen auch als Läden, in denen man Souvenirs und **den berühmten, nach Salbei duftenden Honig von Brač** kaufen kann.

cht gut!

Info

Tourismusverband
Porat 1][21400 Supetar
Tel. 021/630 551
www.supetar.hr

Hotel

Waterman Supetrus Resort
Put Vela Luke 4][Tel. 021/631 133
www.watermanresorts.com
Große, moderne und komplett ausgestattete Anlage in schöner Strandlage, mit riesigem Sportangebot, inklusive Tauchzentrum »Kaktus« (Tauchkurse und -exkursionen). ●●●

Restaurants

Konoba Vinotoka
Jobova 6][Tel. 021/630 969
Der Wirt ist auch gleichzeitig Fischer und serviert seinen Fang auf einer hübschen Terrasse. ●●

Zlatni rat – das Goldene Horn

■ **Konoba Herkules**
Škrip][Tel. 091/223 3417
Nettes Restaurant mit guter Inselküche; auch Zimmervermietung. ●

Bol 2

Bol wird von der felsigen Bergkette Bolska kruna nach Norden hin vor der Bora abgeschirmt. Das Gebirge schützt auch die herrlichen Strände, die sich zu beiden Seiten der Insel ausbreiten.

Der berühmteste unter ihnen ist das ***Goldene Horn** (Zlatni rat): Wie eine stumpfe Harpune ragt die Landzunge mit ihrem berühmten hellen Sand- und Kiesstrand 400 m in das azurblaue Meer hinein.

Info

Tourismusverband
21420 Bol][Tel. 021/635 638
www.bol.hr
Am östlichen Hafenbecken.

Hotels

■ **Ivan**
David Cesta 11 A][Tel. 021/640 888
www.hotel-ivan.com
Stimmungsvolles Haus mit Familienapartments und Wellnesscenter im Herzen der Altstadt. ●●●

■ **Villa Giardino**
2 Novi Put][Tel. 021/635 900
E-Mail: villa.giardino@st.htnet.hr
Charmante stilvolle Villa in Strandnähe mit nur 10 Zimmern, Sauna, Garten und herrlicher Frühstücksterrasse. ●●

Restaurant

Konoba Gušt
Frane Radića 14
Tel. 021/635 911
Maritimes Dekor und historische Fotografien bilden den **geschmackvollen Rahmen für ein delikates Fischmenü.** ●● Echt gut

Nightlife

Im Juli und August beschallt der **Faces Club** auf einer Terrasse am Hang über Bol bis zu 2000 Nachtschwärmer mit House-Musik und kroatischem Pop.

Aktivitäten

Big Blue
Podan Glavice 2][Bol
Tel. 021/635 614
www.big-blue-sport.hr
Sportcenter für Windsurfer. In der Wasserstraße zwischen Brač und Hvar herrschen optimale Bedingungen. Auch Kajak-, Paddelboot- und Mountainbikeverleih.

Omiš 3

Omiš liegt am Ausgang einer Schlucht, die der Fluss Cetina in Jahrtausenden durch das Mosor-Gebirge fraß. An vergangene, kriegerische Jahrhunderte erinnert heute die Ruine der Festung **Starigrad** mit quadratischem Turm und halb verfallenen, hoch am Berghang liegenden Mauern. Gut 300 Höhenmeter sind bis dorthin zu bewältigen, aber am Ende wird man mit einem herrlichen Blick über die Cetina-Schlucht und die Stadt belohnt.

In Omiš findet an den Juli-Wochenenden das beliebte **Klapa-Festival** mit Chören aus ganz Dalmatien statt. Die traditionelle Liedform wird zumeist von Männern gesungen. Echt gut

Auf den Spuren Winnetous in der eindrucksvollen Cetina-Schlucht

Info

Tourismusverband
Trg kneza Miroslava b.b.
21310 Omiš][Tel. 021/861 350
www.tz-omis.hr

Hotel

Villa Dwor
Mosorska cesra 13
Tel. 021/863 444
www.hotel-villadvor.hr
Boutique-Hotel in Traumlage auf einem Felsen oberhalb der Cetina mit Panoramaterrasse und Restaurant. ●●●

Restaurant

Borovina
Stanici][Tel. 021/879 364
Das sympathische Restaurant am Meer serviert beispielsweise Lamm aus der Peka. ●●

Ausflug in die *Cetina-Schlucht

Abwechslung verspricht die Fahrt von Omiš durch die imposante Schlucht der Cetina nach Brela an der Makarska-Riviera. Ganz eng stehen die Felswände zu Beginn beieinander, dann weitet sich die Schlucht, um bei **Zadvarje** 4 schließlich noch einmal zu spektakulären Formationen zu finden. Mehrere Restaurants in schöner Lage laden unterwegs zur Rast.

Restaurant

Kaštil Slanica
5 km von Omiš][Straße nach Zadvarje][Tel. 021/861 783
www.radmanove-mlinice.hr

Über der Makarska-Riviera

In dem schön an der Cetina gelegenen Lokal werden geräucherter Aal und gegrillte Forelle serviert. ●●

**Riviera von Makarska

Kilometerlange Strände mit feinem Kies oder Sand, smaragdgrüne Buchten vor der Kulisse des Biokovo-Massivs, Hotels und Dörfer, die wie Schwalbennester an der Steilküste kleben, machen die Makarska-Riviera zwischen Brela und Gradac zu einem der schönsten Küstenstreifen an der Adria.

Brela 5

Das Städtchen steht bei Badeurlaubern seit Langem hoch im Kurs, denn der von Bäumen gesäumte Kiesstrand gehört zu den schönsten zwischen Split und Dubrovnik. Der ältere Ortsteil **Gornja Brela** zieht sich entlang der alten Küstenstraße, die höher an der Bergflanke entlang gen Pisak verläuft. Das moderne **Donja Brela** nistet unten am Küstenstreifen.

Info

Tourismusverband
Trg Alojzija Stepinca b.b.
21322 Brela][Tel. 021/618 455
www.brela.hr

Hotels

■ **Bluesun Berulia**
Frankopanska 22][Tel. 021/603 599
www.bluesunhotels.com
Das luxuriöse Strandhotel in einem üppigen Park ist ideal für sportlich aktive Familien. Mit Restaurant. ●●●

■ **Marina & Maestral**
Trg Gospe od Karmela 1
Tel. 021/603 671
www.bluesunhotels.com
Alle Zimmer der in einem Pinienhain gelegenen Hotelanlage sind mit einem Balkon ausgestattet und bieten Meerblick. Umfangreiches Sportangebot und Nachtclub. ●●

Restaurant

Punta Rata
Tel. 021/618 646
Nördlich von Brela am Strand Punta Rata wird gute Fischküche und Fleisch vom Grill serviert. ●●

*Makarska 6

Der Hauptort (14 000 Einw.) der gleichnamigen Riviera am Fuße des Biokovo-Gebirges eröffnete bereits 1914 das erste Hotel für Kurgäste und Sommerfrischler.

Auf der von langen Palmenreihen und Cafés gesäumten Hafenpromenade **Marineta,** die sich mit dem dahinterliegenden Altstadtkern wie ein antikes Theater um die Hafenbucht aufbaut, herrscht im Sommer Hochbetrieb.

Im Herzen der Altstadt öffnet sich der Hauptplatz, den auf beiden Seiten alte Bürgerhäuser, barocke Residenzen und die Kirche **Sveti Marko** (1776) umgeben.

Info

Tourismusverband
Obala Kralja Tomislava 16
21300 Makarska][Tel. 021/612 002
www.makarska-info.hr

Verkehr

■ **Busterminal**
Ante Starčevića][Tel. 021/612 333
Busse nach Split und Dubrovnik.
■ **Fährverbindungen:** Jadrolinija-Autofähren nach Sumartin/Insel Brač.

Hotels

■ **Meteor**
Petra Krešimira IV b.b.
Tel. 021/602 600
www.hoteli-makarska.hr
Renoviertes Komforthotel am Strand; Fitnesscenter, Indoor-Pool. ●●●
■ **Biokovo**
Obala Kralja Tomislava
Tel. 021/615 244][
www.hotelbiokovo.hr
Am Hafen gelegenes, gepflegtes Haus mit eigenem Restaurant. Viele Zimmer mit Balkon und Meerblick. ●●
■ **Porin**
Marineta 2][Tel. 021/613 744
www.hotel-porin.hr
Zauberhaftes kleines Privathotel mit Dachterrasse und Restaurant in neoromanischem Schlösschen. ●●

Das Zentrum von Makarska mit der Kirche Sveti Marko

Restaurants

■ **Stari Mlin**
Prvosvibanjska 43][Tel. 021/611 503
Serviert Fisch und Meeresfrüchte mit frischen Kräutern. ●●
■ **El Toro**
Don Mihovila Pavlinovi 11
Tel. 021/615 835
Spezialitäten des Hauses sind Steaks, frische Salate, dalmatinischer Schinken und Käse von der Insel Pag. ●●

Nightlife

Peter Pan Club
Šetalište fra Radiča b.b.
Tel. 095/875 0219
Hier wummern an Sommerwochenenden ab Mitternacht Technobeats.

Podgora 7

Der Ort, der übersetzt »unterm Berg« heißt, liegt entsprechend schön am Fuß des Biokovo-Gebirges, umgeben von terrassierten

Weingärten und Olivenhainen. Im Gegensatz zu den Nachbarsiedlungen besitzt Podgora sogar noch eine kleine Fischfangflotte, alles beherrschend sind jedoch die Hotels und Ferienhäuser unten am Meer.

Hotel

Primordia
Branimirova obala 111
Tel. 021/625 144
http://hotelprimordia.com
Freundlich gestaltetes Apartment-Hotel direkt am Strand mit sehr gutem Restaurant. ●●

**Insel Hvar

Hvar rühmt sich, mit 2716 Sonnenstunden pro Jahr der sonnenverwöhnteste Ort in Kroatien zu sein. Zudem fasziniert die 68 km lange und bis zu 11 km breite Insel, auf der rund 15 000 Einwohner leben, mit ihrer Pflanzenpracht: Hier wachsen Palmen, Agaven, Oleander, Kakteen, Zypressen und Johannisbrotbäume.

Verkehr

Autofähren verkehren zwischen Split und Stari Grad, das auch Zwischenstation auf den Fährlinien Split–Vis und Drvenik–Sućuraj ist.

**Hvar-Stadt 8

Malerisch in einer Bucht im Inselwesten gelegen, wartet der Inselhauptort mit einer romantischen Altstadt auf, deren Mittelpunkt der mit hellen Marmorplatten gepflasterte Hauptplatz ist. Beachtung verdient das **Hotel Palace,** das mit einer eleganten, über 500 Jahre alten ***Loggia** ein besonderes Juwel zu bieten hat. An der Schmalseite des Platzes thront die **Stephanskathedrale** (Sveti Stjepan) mit einem fünfgeschossigen Campanile und einer reizvollen Renaissancefassade. Einheimische Frauen verkaufen an Marktständen Hvars duftendes Naturprodukt: Lavendel. Dem Gotteshaus gegenüber liegt am anderen Ende des Platzes das von Palmen und Gartenanlagen umgebene Hafenbecken. Steigt man vor dem alten, wuchtigen **Arsenal,** einst Dock für Kriegsschiffe, die Außentreppe zur Terrasse hinauf, bietet sich ein grandioser Blick auf den **Hafen** und die umgebende Altstadt. Vom Hafen fahren im Sommer regelmäßig Ausflugsboote zu den vorgelagerten **Hölleninseln** (Pakleni otoci) und zur sandigen FKK-Bucht Palmižana auf der Badeinsel **Sveti Klement.**

Im Süden der Stadt an der Kriza-Bucht liegt inmitten blühender Gärten das von 1461 bis 1471 erbaute **Franziskanerkloster.** Im Refektorium sind wertvolle Bücher, Münzen und Gemälde alter Meister wie etwa des venezianischen Malers Palma il Vecchio ausgestellt. Schönster Teil der Klosteranlage ist der aus der Renaissance stammende Kreuzgang (Mai–Okt. Mo–Fr 10–12 und 17 bis 19 Uhr).

Info

Tourismusverband
Arsenal][21450 Grad Hvar
Tel. 021/741 059][www.tzhvar.hr

Blick von der Festung auf den Hafen von Hvar

Hotels

Alle Hotels in Hvar-Stadt und Umgebung (bis auf das Podstine) findet man online unter **www.suncanihvar.com.**

Riva

Riva b.b.

Tel. 021/750 100

Echt gut!

Neu gestyltes Haus in teils historischem Bau an der Marina. Designer-Möbel, hervorragendes Restaurant und die BB Bar mit Hvars schönstem Sonnenuntergangsblick machen das Riva zu etwas Besonderem. ●●●

Palace

Trg sv. Stjepana b.b.

Tel. 021/741 966

Nobles Haus in venezianischem Palazzo beim Glockenturm am Hafen. Mit Taverne, Panoramarestaurant und beheiztem Meerwasserpool. ●●

Podstine

Zagebačka 13

Tel. 021/740 400

www.podstine.com

Angenehmes Privathotel mit geschmackvoller, moderner Einrichtung, eigenem Badeplatz und Garten. ●●

Restaurants

Zlatna Školka

Matije Ivanića, Tel. 098/168 8797

Die »Goldene Muschel« zeichnet sich durch **hübsche Altstadtlage aus. Der Fisch ist von tadelloser Frische**. ●●●

Echt gut!

Macondo

Ulica Petra Hektorovića

Tel. 021/742 850

Restaurant in der Stadtmitte mit Fischspezialitäten. ●●

Vidikovac-Levanda

Velo Grablje 53

Tel. 021/784 5249

Das zwischen Hvar und Stari Grad gelegene Restaurant lockt mit Panoramablick und deftigen Fleisch- und Fischgerichten. ●●

Nightlife

Carpe Diem

Riva b.b.

Tel. 021/717 234

www.carpe-diem-hvar.com

Beliebte Bar mit DJs; je später der Abend, desto besser die Stimmung und ausgelassener die Party.

Abends in Stari Grad auf Hvar

Veneranda
Gornja cesta bb
Mobil-Tel. 098/855 151
www.veneranda.hr
Zu Techno, House, Funk und anderen Diskoklängen geht hier ab Mitternacht die Post ab. Nur im Sommer geöffnet.

Shopping

Kloster der Benediktinerinnen
Matija Ivanica 13][Tel. 021/741 052
Im Kloster werden Spitzendeckchen aus Agavenfasern verkauft. Die edlen Stücke haben allerdings ihren Preis.

***Stari Grad 9

Der 1800 Einwohner zählende Ort liegt an einer tief ins Land reichenden Bucht, die schon die Griechen zu schätzen wussten. Sie gründeten hier im 4. Jh. v.Chr. den Hafen Pharos, aus dem sich die heutige Ortschaft entwickelte.

Ihre damals angelegten, rechteckigen und von Steinmauern begrenzten Felder, als »Chora« bekannt, sind bis heute erhalten und seit dem Jahr 2008 als **Starigradsko polje** Kroatiens siebtes und jüngstes Weltkulturerbe in der UNESCO-Liste.

Der ehemalige Palast des kroatischen Rennaissance-Dichters Petar Hektorović (1487–1572), das wehrhafte **Schloss Tvrdalj** mit Säulengängen, eigenem Teich und Gärten zeigt, dass die bessere Gesellschaft der Renaissance kein schlechtes Leben führte (Juni bis Sept. tgl. 10–13, Juli/Aug. auch 17–20 Uhr). Ein Stück weiter präsentiert das Museum für Unterwasserarchäologie im **wunderbar restaurierten Palazzo Biankini** römische Amphoren und Funde aus dem griechischen Pharos (Juni–Sept. tgl. 10–12, 19–20 Uhr).

Echt gut

Info

Tourismusverband
21460 Stari Grad (Faros)
Tel. 021/765 763
www.stari-grad-faros.hr

Restaurant

Eremitaž
Obala hrvatskih branitelja
Tel. 021/766 167
Das schattige Gartenlokal liegt hübsch gegenüber von Stari Grad am Meer; beste Fisch- und Grillgerichte. ●●

Neretva-Delta

Bei der Hafenstadt **Ploče** 10 beginnt das Mündungsdelta der Neretva mit seinen durch Kanäle parzellierten Obst- und Gemüsefeldern. Die verbliebenen, ökologisch wertvollen Flussauen sind Lebensraum vieler Vogelarten.

Entlang der Neretva ins Landesinnere trifft man unweit der Provinzhauptstadt Metkovič, bei **Vid** 11, auf die römische Ausgrabungsstätte **Narona.** Im futuristischen Bau des Archäologischen Museums in Vid sind die wertvollen Funde, darunter Statuen des Kaiserpaares Augustus und Livia, zu bewundern (So 9–13, Di–Sa im Sommer 9–20, im Winter nur bis 17 Uhr; www.a-m-narona.hr).

Halbinsel Pelješac

Hinter dem Städtchen Ston an der Landenge zwischen Festland und Halbinsel zeigt die Halbinsel zwei unterschiedliche Gesichter: Die Nordostküste erinnert in ihrer Kargheit an skandinavische Gestade; die Südwestküste passt hingegen ins mediterrane Bild der Region. Täler mit Feigen- und Zitruskulturen wechseln sich ab mit Kiefernwäldern und Weingärten.

Ston 12

Die Ortschaft, bestehend aus Veliki Ston (600 Einw.) und Mali Ston (200 Einw.), ist das Tor zur Halbinsel Pelješac. Schon vor über 2000 Jahren waren die beiden Ortsteile für ihre profitable Salzgewinnung bekannt. Seit dem 14. Jh. riegelt eine kilometerlange, mit Türmen und Bastionen versehene Mauer den schmalen Zugang zur Halbinsel vom Festland komplett ab, um die Salinen gegen potenzielle Angreifer zu schützen. Die historische Befestigungsanlage hielt auch dem verheerenden Erdbeben der Stärke 6,0 im September 1996 stand, nicht aber der historische Kern von **Veliki Ston.** Am hübschen Hafen in **Mali Ston** steht als Endpunkt der Bastion ein mächtiger Turm, der sich zwischen bunten Booten im Wasser spiegelt. Mehrere Restaurants und Pensionen beanspruchen den idyllischen Platz für ihre Tische und Stühle, an denen die Gäste Austern schlürfen oder fangfrisches Meeresgetier.

Im milden Südwesten von Pelješac gedeihen Zitruskulturen

Info

TZG
Pelješki put 1
20230 Ston
Tel. 020/754 452][www.ston.hr

Hotel

Ostrea
Mali Ston][Tel. 020/754 555
www.ostrea.hr

Hübsch mit »antiken« Möbeln dekoriertes kleines Hotel (9 Zi.) am Hafen; gutes Restaurant › S. 110. ●●

Restaurants

■ **Mlinica**

Mali Ston][Tel. 020/754 555
www.ostrea.hr
Sehr gutes Restaurant am Hafen, im Hotel Ostrea › S. 109, mit großer Fischkarte und frischen Austern. ●●

■ **Konoba Bakus**

Veliki Ston][Tel. 020/754 029
Preiswerte Konoba in der Altstadt mit leckeren Muscheln, gewürztem Oktopussalat und Fischplatte. ●

Orebić 13

Der lang gezogene Ort (1500 Einw.) liegt am Fuße des 961 m hohen Bergs Sveti Ilija. Er schirmt das Kapitäns- und Hafenstädtchen gegen kühle Winde ab und so reifen in den Gärten Feigen, Zitronen und Orangen.

Wer sich für Schifffahrt interessiert, findet hier gleich zwei Ausstellungen. Am Kai gibt das **Marinemuseum** einen guten Einblick in die lange Geschichte Orebićs als Seehandelsstadt (Mo bis Fr 8–12, 13.30–16.30, 17–21, Sa/So nur 16–21 Uhr). Weit spannender ist die Sammlung von Schiffsmodellen, die bekannten Kaufmanns- und Adelsfamilien aus Orebić gehörten: Sie ist im ***Franziskanerkloster** aus dem 15. Jh. ausgestellt (Mo–Sa 9–12, 17–19, So nur 17–19 Uhr).

Info

Tourismusverband
Trg Mimbelli b.b.][20250 Orebić
Tel. 020/713 718
www.visitorebic-croatia.hr

Weinbauparadiese

Echt gut!

Die Halbinsel Pelješac und die Insel Korčula gehören zu den führenden kroatischen Weinbauregionen. In dem von Bergflanken geschützten, sonnenverwöhnten Zentrum von **Pelješac** reifen an terrassierten Hängen die roten Plavač-Mali-Trauben. In Gütern um die Winzergemeinde Potomje werden sie je nach Herkunft unter Dingač und Postup abgefüllt. **Verköstigen und kaufen kann man die guten Tropfen entlang einer neuen Weinstraße.** In Trstenik z.B. baut die Kellerei Grgič den Plavač Mali in Barrique-Fässern aus (Tel. 020/748 090). Dingač & Matuško in Potomje produziert den charakteristischen roten Dingač, zudem naturreines Olivenöl (Tel. 020/742 393). Ein köstlicher Weißwein aus Marastina- und Rukatac-Trauben wird in Putnikovič hergestellt und unter dem Namen Sveti Ana verkauft. Auch **Korčulas** Klima und Böden bieten beste Bedingungen für den Weinbau, besonders für die weißen Rukatac-, Grk- und Marastina-Weine. Hervorragenden Grk kann man in Lumbarda z.B. bei Winzer Branimir Cebalo (Tel. 020/712 044) verkosten. In Čara keltert die Vinarija Šain-Marelić einen der besten Pošip-Weine (Tel. 020/833 166), Vinarija Toreta in Smokvica hat sich ebenfalls auf Pošip spezialisiert, verkauft aber auch Honig und Olivenöl (Tel. 020/832 100).

Weinlese auf Korčula, einem Zentrum des kroatischen Weinanbaus

Hotels

Indijan
Setaliste Skvar 2
Tel. 020/714 555
www.hotelindijan.hr
Modernes kleines Strandhotel, freundliche Zimmer, Wellnessangebot und Restaurant unter Palmen. ●●●

Orsan
Kralja Petra Kresimira IV 119
Tel. 020/797 800
www.orebic-htp.hr
Sanierter Hotelkomplex ca. 1,5 km außerhalb im schattigen Park am Badestrand, viele Sportmöglichkeiten. ●●

Restaurants

Konoba Mlinica
Obala pomorca b.b.
Tel. 020/713 886
Typisch dalmatinische Gerichte im urigen Ambiente einer alten Ölmühle. ●●

Pelješki Dvori
Obala pomorca b.b.
Tel. 020/713 329
Mangold mit viel Knoblauch zu fein gegrilltem Fisch oder Fleisch. ●●

9 **Insel Korčula

Mit 279 km² und 17 000 Einwohnern gehört Korčula zu den größeren Vorposten der dalmatinischen Küste. Ähnlich wie auf Pelješac verläuft die zentrale Inselstraße durch gebirgige Landschaft, deren höchste Erhebung der Klupca mit 568 m ist. Am Fuß des Bergrückens finden sich rund um die kleinen Dörfer ausgedehnte Rebgärten, die Korčula unschwer als Weinbauzentrum erkennen lassen › S. 110.

Verkehr

Autofähren nach Korčula-Stadt auf Linie Rijeka–Split–Dubrovnik, zwischen Orebić und Korčula-Stadt sowie zwischen Vela Luka und Hvar-Stadt bzw. Split. Informationen bei:

Jadrolinija
Korčula][Plokata 19
Tel. 020/715 410][www.jadrolinija.hr

Vielen gilt Korčula als schönstes Städtchen der kroatischen Inselwelt

**Korčula-Stadt 14

Echt gut!

Kein Wunder, dass die Inselhauptstadt (2900 Einw.) **eines der bekanntesten Fotomotive Kroatiens** ist: Die Altstadt liegt malerisch auf einer kleinen Halbinsel im Meer. Illyrer, Römer, Venezianer, Franzosen und Österreicher fühlten sich von der Schönheit der Insel angezogen und hinterließen dort ihre Spuren. Der historische Stadtkern gehört zu den stimmungsvollsten Relikten des Mittelalters in Dalmatien. Steigt man die barocke Freitreppe hinauf, die zum wehrhaften Stadtmauerring führt, fühlt man sich hinter dem **Landtor** (Veliki Revelin) urplötzlich ins Mittelalter versetzt. Über viele stürmische Jahrhunderte hinweg blieb das Stadtbild im Großen und Ganzen unversehrt erhalten, weil Korčula »weit ab vom Schuss« lag – im wahrsten Sinne des Wortes.

Hinter dem Landtor öffnet sich der Platz Brača Radić mit einem **Triumphbogen** auf der Innenseite des Tores zu Ehren des venezianischen Verwalters von Dalmatien, Leonardo Foscolo. Beim **Rathaus** aus der Renaissance mit Loggia und Arkadengang führt ein Durchgang zum **Conte-Palast,** dem Amts- und Wohnsitz des ehemaligen Statthalters.

Auf dem Platz an der höchsten Stelle der Altstadt thront die seit Beginn des 15. Jhs. erbaute **Markuskathedrale** (Sveti Marko). Der aus dem Ort stammende Künstler Marko Andrijić schuf neben der Fensterrose auch das von vier runden Säulen gestützte Ziborium über dem Altar. Zu den Prunkstücken des Innenraumes gehören Gemälde berühmter Maler, darunter Tintoretto und Leandro Bassano, und Bildhauerarbeiten von Ivan Meštrović.

Im angrenzenden ehemaligen **Bischofspalast** (Opatska Palača) werden in der Schatzkammer wertvolle Exponate wie Skizzen von Leonardo da Vinci, berühmte Gemälde sowie Silber- und Goldschmiedearbeiten aufbewahrt (im Sommer tgl. 10–12, 17–19 Uhr, im Winter nach Voranmeldung).

Von der Kathedrale führt in nördlicher Richtung eine Gasse zum Stadtturm **Zakrjan.** Gleich am Anfang der schmalen Verbindung steht das sogenannte **Geburtshaus von Marco Polo,** die Touristenattraktion der Stadt. Im Innern sind einige Exponate ausgestellt, die an den umstrittenen Weltreisenden erinnern (tgl. 10 bis 13, 17–19 Uhr).

Vom Aussichtsturm des Hauses reicht der Blick über die Dächer der Altstadt. Ob Marco Polo wirklich in diesem Anwesen zur Welt kam, wird von vielen Historikern bezweifelt …

Alljährlich ab Ende Juli werden in Korčula-Stadt die bekannten **Moreška-Ritterspiele** veranstaltet. In ihnen lebt die Erinnerung an jene Zeiten fort, als die Einwohner des Inselreiches von den Türken bedroht wurden. Bei den Moreška-Spielen tragen zwei rivalisierende Gruppen in historischen Kostümen einen Scheinkampf aus › S. 38.

Info

Tourismusverband
Obala Tudjmana 4
20260 Korčula
Tel. 020/715 867
www.korcula.net

Hotels

■ **Marko Polo**
Tel. 020/726 100
www.korcula-hotels.com
Das Haus liegt an der Uferpromenade gleich neben der Altstadt. Mit Restaurant, Schwimmbad, Wellness- und Sportangeboten. ●●

■ **Privatzimmer** und **Ferienhäuser** gibt es in großer Auswahl. Vermittlung über das Tourismusbüro oder unter: www.korcula.net

Restaurants

■ **Konoba Mate**
Pupnat 28, Pupnat
Tel. 020/717 109
Wunderbare kleine Konoba im Dörfchen Pupnat (Bus von Korčula-Stadt) mit authentischer Inselküche. ●●

■ **Konoba Maslina**
Lumbarajska cesta Sv. Anton
Tel. 020/711 720
Hausgemachte Pasta, Tintenfisch-Risotto, Peka-Gerichte. ●●

Lumbarda 15

Rund 7 km südöstlich der Stadt Korčula liegt Lumbarda (1200 Einw.). Der kleine Touristenort besitzt einen Hafen und eine Marina, Ruinen aus der Römerzeit, mittelalterliche Kirchen und einige verstreut liegende Sommervillen. An mehreren fabelhaften Badestränden wie Tatinja, Przina und Bili Zal können auch Kinder gefahrlos spielen. In der Umgebung fällt der feinkörnige rötliche und gelbliche Sand ins Auge, auf dem besonders die Grk-Reben vorzüglich gedeihen, die den goldenen trockenen, aber schweren Weißwein liefern.

Smokvica 16

Ein weiteres Zentrum der Weißweinproduktion auf Korčula ist Smokvica (1100 Einw.). Hier ist in der Pfarrkirche Mariä Lichtmess die Loggia einer Kirche aus dem 17. Jh. erhalten geblieben.

Vela Luka 17

Die westlichste Stadt (4500 Einw.) der Insel liegt in einer tief eingeschnittenen Bucht. Wirtschaftlich bedeutend ist sie als Werft- und Fischereistandort sowie als national führender Olivenölproduzent.

Kulturell sind es archäologische Funde aus diversen Epochen in der Umgebung, über die eine Sammlung im **Stadtmuseum** informiert (Mo–Fr 9–13, 20–22, Sa 10–13 Uhr).

Prähistorische Zeugnisse einer Besiedlung, die bis zu 20 000 Jahre zurückreichen, wurden in der nahen Höhle **Vela Spila** gefunden, zu der ein steiler Fußweg in 20 Min. hinaufführt (Infos beim Tourismusverband und www.vela-spila.hr).

Info

Tourismusverband
Ulica 41 br. 11
20 270 Vela Luka
Tel. 020/813 619
www.tzvelaluka.hr

Restaurant

Pod Bore
Obala 2][Tel. 020/812 123
www.podbore.com
Restaurant am Hafen, das manchmal Girice auf der Karte hat: delikate, winzige gegrillte Fische mit Weißbrot. ●●

***Dubrovnik 18

Seinem Beinamen Perle der Adria wird Dubrovnik (45 000 Einw.) ebenso gerecht wie seinem Titel UNESCO-Weltkulturerbe. Vergangenheit und Gegenwart sind in der Stadt nur durch eine hölzerne Zugbrücke getrennt: Im lebhaften Hafenviertel überlagert das Tuten der großen Fähren und Kreuzfahrtschiffe das Rauschen des Verkehrs; hinter den Festungsmauern hingegen klingt das Gurren der Tauben und das Klappern von Absätzen in den alten Gassen.

Geschichte

Die Lage zwischen Venedig und dem Balkan bzw. dem östlichen Mittelmeer ließ das bereits im 7. Jh. gegründete Ragusa zu einem wohlhabenden und einflussreichen Handelshafen ab dem 13. Jh. heranwachsen. 1667 verwandelte ein Erdbeben einen Großteil der Stadt in ein Ruinenfeld, doch Dubrovnik wurde prächtig wieder aufgebaut. 1808 marschierten französische Truppen durch das Pile-Tor und beendeten die jahrhundertelange Unabhängigkeit der Stadt. Von 1815 bis 1918 stand sie unter der Herrschaft Österreichs und kam am Ende des Ersten Weltkrieges zu Jugoslawien.

Die jüngere Geschichte ist den Dubrovnikern besonders bitter in Erinnerung. Allein am Nikolaustag 1991 ging ein Hagel von über 2000 Granaten auf die Stadt nieder. Erst Ende September 1992

Über den ziegelroten Dächern von Dubrovniks Altstadt

zog sich die jugoslawische Armee aus dem südlichsten Zipfel Dalmatiens zurück. Die Schäden, die der Krieg in der Weltkulturerbe-Stadt angerichtet hat, sind vor allem in der historischen Altstadt mit aufwendigen Restaurierungsarbeiten beseitigt worden.

10 Die Altstadt

Die von einem imposanten Mauerring umgebene autofreie Altstadt ist architektonisch von modernen Einflüssen bis heute fast unberührt geblieben. Der historische Kern stammt aus den Jahren nach dem Erdbeben von 1667.

Am westlichen Ende der Placa

Von Westen betritt man die Altstadt durch das im 15./16. Jh. erbaute ***Pile-Tor** (Gradska vrata Pile) Ⓐ. Dahinter beginnt die knapp 300 m lange **Stradun** oder **Placa,** wie die Dubrovniker ihre liebste Flanier- und Einkaufsmeile nennen. Ursprünglich trennte hier ein kleiner Meeresarm zwei Stadtteile. Er wurde zugeschüttet und die Straße mit Marmorplatten belegt.

Früher dankten Reisende dem Himmel für ihr sicheres Ankommen in der 1520 erbauten **Erlöserkapelle** (Sveti Spas) Ⓑ, deren Fassade eine hübsche, gotische Fensterrose schmückt. Davor bildet der kuppelförmige ***Große Onofrio-Brunnen** (Velika Onofrijeva fontana) Ⓒ mit seinen 16 Wasserspeiern einen beliebten Treffpunkt. Baumeister Onofrio della Cava arbeitete 1438–1444 an diesem Werk.

In der Kirche des ab 1317 errichteten ****Franziskanerklosters** (Franjevački samostan) Ⓓ fand der Dichter Ivan Gundulić seine letzte Ruhestätte. Ältester Teil des Klosters ist ein stiller, frühgotischer Kreuzgang. Sehenswert ist die einstige **Klosterapotheke** mit z. T. originaler Einrichtung (Sommer tgl. 9–18, Winter tgl. 9–17 Uhr). Gesäumt von Patrizierhäusern führt die Placa nach Osten zum Luža-Platz.

Am östlichen Ende der Placa

An dem schmucklosen Glockenturm weitet sich die Hauptstraße zum ****Luža Platz** (Trg Luža), dem Schaustück des alten Dubrovnik. Er verdankt diese Auszeichnung dem bis 1522 erbauten ****Sponza-Palast** (Palača Sponza) E, der heute die historischen Archive und eine Ausstellung zur Stadtgeschichte beherbergt. Zierliche Arkaden und gotische Maßwerkfenster schmücken die Fassade (tgl. 8–13 Uhr).

Davor steht der ***Roland** F aus dem 15. Jh., über dem von 1419–1808 die Flagge der Republik Ragusa wehte. Tauben umschwirren den **Kleinen Onofrio-Brunnen** mit seinen fratzenhaften Fischfiguren, das Pendant zum Großen am Beginn der Placa.

Der Sponza-Palast am Luža-Platz

Im neogotischen **Alten Ratspalast** G residieren das Theater und die Stadtverwaltung sowie das in einer stilvollen Mischung aus Nostalgie und Moderne renovierte **Gradska Kavana,** Dubrovniks schönstes Café (Tel. 020/ 324 747, www.mea-culpa.hr). Echt gut

Zum Ploče-Tor und auf die Stadtmauer

Die im 18. Jh. errichtete ***St. Blasius-Kirche** H (Sveti Vlaho) ist dem Schutzheiligen der Stadt geweiht. Seine goldverzierte Statue auf dem Hochaltar wird von den Einheimischen hoch in Ehren gehalten. Weiter geht's zum ***Dominikanerkloster** (Dominikanski samostan) I aus dem 14. Jh. Es grenzt an die Stadtmauer und passt sich der Wehrarchitektur bestens an. Das darin untergebrachte Museum zeigt sakrale Gegenstände, kostbaren Schmuck, Reliquien und Priestergewänder (Sommer tgl. 9–18 Uhr, Winter tgl. 9–17 Uhr).

Schließlich erreicht man das ***Ploče-Tor** (Vrata od Ploča) J mit seiner Zugbrücke. Am Pločewie auch beim Pile-Tor gibt es die Möglichkeit, auf die mächtige ****Gradske zidine** hinaufzusteigen und einen gut 2 km langen **Spaziergang auf der Stadtmauer um die gesamte Altstadt** mit herrlichen Ausblicken zu unternehmen (April–Mai 9–18.30, Juni–Juli 8–19.30, Aug.–Mitte Sept. 8–19, Mitte Sept.–Okt. 9–18, sonst mind. 10–15 Uhr). Echt gut

Karte Seite 117

Auf der Ostseite der Stadtmauer blickt man auf den **Alten Stadthafen** (Stara luka) **K**, der vom klotzigen **Fort Sveti Ivan** **L** mit monumentalen Türmen bewacht wird. Darin zeigt das ***Schifffahrtsmuseum** (Pomorski Muzej) Schiffsmodelle, Waffen, Karten und nautische Instrumente (Sommer Di–So 9–18, Winter Di–So 9–16 Uhr) und das **Aquarium** in 27 Bassins Lebewesen der Unterwasserwelt (Sommer tgl. 9–20, Winter Di–So 9–13 Uhr).

In der südlichen Altstadt

An der Poljana Marina Držića birgt die barocke ***Kathedrale Mariä Himmelfahrt** (Velika Gospa) **M**, die nach dem Erdbeben von 1667 auf den Fundamenten einer Basilika aus dem 7. Jh. entstand, einen echten Tizian: das Altarbild »Mariä Himmelfahrt«. Die Schatzkammer präsentiert Reliquien und Goldschmiedearbeiten (Sommer Mo–Sa 9–17, So 11–17, Winter Mo–Sa 10–12, 15 bis 17, So 11–12, 15–17 Uhr).

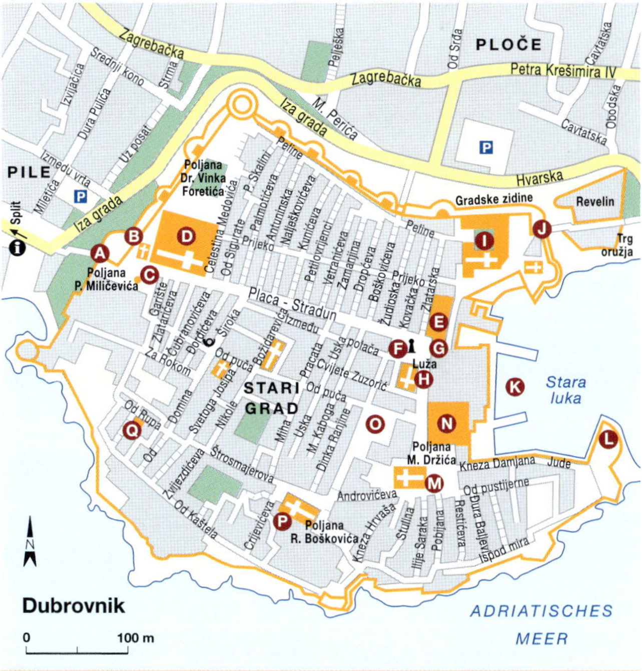

A Pile-Tor
B Erlöserkapelle
C Großer Onofrio-Brunnen
D Franziskanerkloster
E Sponza-Palast
F Roland
G Alter Ratspalast
H St. Blasius-Kirche
I Dominikanerkloster
J Ploče-Tor
K Alter Stadthafen
L Fort Sveti Ivan
M Kathedrale Mariä Himmelfahrt
N Rektorenpalast
O Marktplatz
P Jesuitenkirche St. Ignatius
Q Museum Rupe

Dubrovnik wird von vielen Fähr- und Kreuzfahrtschiffen angelaufen

Zu den imposantesten Zeugnissen aus Dubrovniks Blütezeit gehört der **Rektorenpalast** (Knežev Dvor) **N** schräg gegenüber, dessen Bau 1435 nach Plänen von Onofrio della Cava begann und später im Renaissancestil beendet wurde. Der Palast diente der Stadtverwaltung und zugleich als Wohnung des Rektors, der immer nur einen Monat im Amt war und in dieser Zeit den Palast nicht verlassen durfte.

Durch eine offene Arkadenhalle gelangt man in den Innenhof mit einer eleganten Barocktreppe. Im Sommer erklingt hier im Rahmen des **Dubrovnik-Festivals** klassische Musik (www.dubrovnik-festival.hr, Juli bis Aug.). In den oberen Etagen des Palasts residiert das **Stadtmuseum** (Dubrovački muzeij), das wertvolles Mobiliar und Kunst präsentiert (tgl., im Sommer 9–18 Uhr, im Winter 9–16 Uhr).

Echt gut!

Auf dem **Marktplatz** (Gundulićeva Poljana) **O** umlagern Obst- und Gemüsestände, fröhlich schwatzende Bauern und deren Kunden das Denkmal des Dichters Ivan Gundulić. Eine breite Barocktreppe führt hinauf zur 1725 geweihten großen barocken ***Jesuitenkirche St. Ignatius** (Sveti Ignacijo) **P**, deren Stolz die eindrucksvollen Fresken sowie die älteste Glocke der Stadt sind.

Das ethnografische **Museum Rupe** (Muzej Rupe) **Q** ist im Kornspeicher der Stadt von 1543 untergebracht und präsentiert hier interessante volkskundliche Exponate zur Kultur- und Wirtschaftsgeschichte von Dubrovnik und Dalmatien von der Antike bis zum späten Mittelalter (Mi–Mo 9–16 Uhr).

Info

Tourist Info Center
Brsalje 5, Pile][20000 Dubrovnik
Tel. 020/312 011][
www.tzdubrovnik.hr][tgl. 8–20 Uhr

Verkehr

Dubrovnik Airport
Čilipi Konavle][etwa 22 km südlich
Tel. 020/773 377
www.airport-dubrovnik.hr
Bus ins Stadtzentrum (ca. 20 Min).

Busverbindungen
Obala Pape Ivana Pavla II
am Hafen Gruž][Tel. 060/356 004
www.libertasdubrovnik.hr
Busse nach Split, Zagreb, Rijeka.

Jadrolinija
Obala S. Radiča 40][Tel. 020/418 000
www.jadrolinija.hr
Fähren vom Hafen Gruž auf die Elaphitischen Inseln und nach Mljet; Autofähre nach Rijeka.

Hotels

The Pucić Palace
Ulica od Puca 1][Tel. 020/326 222
www.thepucicpalace.com
Echt gut! Elegantes, kleines Hotel mit nur 19 Zimmern im Altstadtzentrum. ●●●

Grand Villa Argentina
Frana Supila 14][Tel. 020/440 555
www.gva.hr
Sehr luxuriöser Komplex um die Villa in einem schönen Park. Mit Strand, Pool, Wellnesscenter und Tennisplatz. ●●●

Adriatic
Masarykov put 9
an der Lapad-Bucht][Tel. 020/433 520
www.hotelimaestral.com
Der einfache, bei jungen Leuten beliebte Hotelkomplex liegt nur ein paar Schritte vom Badestrand entfernt; mit eigenen Restaurants und Disko. ●●

Lapad
Lapadska obala 37][Tel. 020/455 555
www.hotel-lapad.hr
Stilvoll eingerichtetes renoviertes Haus in schöner Lage, Pool. ●●

Vila Micika
Mata Vodopića 10][Tel. 020/437 332
www.vilamicika.hr
Pension im Vorort Lapad, einfache, ruhige Zimmer. ●●

Restaurants

Das Angebot in der beliebten **Prijeko-Straße** ist sehr touristisch. Besser essen kann man hier:

Atlas Club-Nautika
Brsalje 3][Tel. 020/442 526
www.nautikarestaurant.com
Echt gut! Candlelight-Dinner mit Räucherlachs, Meeresfrüchten, Risotto oder Langusten. ●●●

Kamenice
Gundulićeva Poljana 8
Tel. 020/323 682
In dem Restaurant am Marktplatz kann man frische Austern bereits zum Frühstück schlürfen. ●●

Orhan
Od Tabakarije 1][Tel. 020/414 183
Das hübsch unterhalb des Forts Lovrijenac am Wasser gelegene Restaurant serviert leckere Fisch- und Fleischgerichte sowie eine gute Auswahl an Risotti und Salaten. ●●

Lokanda Peskarija
Ribarnica 2][Tel. 020/324 750
Das Fischlokal am Hafen Gruž ist der Gourmet-Tipp: Sardellen, Muscheln und Tintenfisch werden hier frisch und auf simplen Blechtellern serviert. ●●

Oliva
Lučarica 5][Tel. 020/324 594
Eine nette, preiswerte Pizzeria für den schnellen Hunger. ●

Nightlife

■ **East-West Beach Club**
Frana Supila b.b.
www.ew-dubrovnik.com
Echt gut! **Trendiger Szeneclub am Banje-Strand,** östlich der Altstadt.

■ **Exodus**
Iva Dulcica 39
Mainstream-Disko bietet im Sommer der Klub am Babin Kuk.

■ **Latino Club Fuego**
Brsalje 11][Tel. 020/312 871
Latino-Bar und Disko am Pile-Tor – für Longdrinkfans (Do–Sa 22–4 Uhr).

■ **Lazareti**
Frana Supila 8][020/423 497
Techno-Fans treffen sich am Ploče-Tor. Dort findet in den drei Tagen vor dem Echt gut! Jahreswechsel auch der heißeste **New Years Rave** Kroatiens statt.

■ **Trubadur**
Bunićeva poljana 2
Tel. 020/323 476
Guter Pub mit Live-Jazz.

Ausflüge von Dubrovnik

Insel Lokrum

Sonnenbaden, Schwimmen und Schnorcheln in Altstadtnähe kann man auf der vorgelagerten kleinen grünen Badeinsel Lokrum. Schiffe verkehren ab dem Alten Stadthafen, in der Saison 9–19 Uhr.

*Cavtat 19

Wo einst das antike Epidaurum lag, schmiegt sich heute das Städtchen Cavtat südöstlich von Dubrovnik an eine malerische Bucht. Die baumbestandene Hafenpromenade führt vorbei am ehemaligen **Rektorenpalast** (16. Jh.) zur Kirche **Sveti Vlaho** mit einem schönen Renaissance-Kreuzgang und spätgotischem Altar.

Südlich von Cavtat beginnt die Agrarlandschaft des Konavle. Im Dorf **Čilipi** führt eine mitreißende Folkloregruppe sonntags gegen 11 Uhr Tänze und Lieder auf.

Restaurant

Taverna Galija
Vulićevića 1
Cavtat
Tel. 020/478 566
www.galija.hr
Das Essen hier ist ein kulinarischer Höhepunkt: Es gibt Seegurke mit Fenchelsoße und Fischcarpaccio. Tgl. 11–15 und 19–24 Uhr. ●●●

11 Insel und Nationalpark **Mljet 20

Mljet ist ein bergiges Naturreservat, in dem blaue Seen zwischen sattgrünen Inseln glitzern und Sand- und Kieselstrände die Küsten säumen. Den größten Teil der Insel bedecken Aleppokiefern- und Steineichenwälder. In den geschützten Buchten **Sapčunari** und **Blace** im Osten liegen die schönsten Badestrände, im äußersten Westen findet man die miteinander verbundenen Salzwasserseen **Malo jezero** und **Veliko jezero.** Auf einer Insel mitten im Veliko jezero steht das romanische Benediktinerkloster **Sveta Marija. Pomena** im Nordwesten ist der Hafenort, den die Ausflugsschiffe anfahren. Das Inselinnere kann man auf einem 12 km langen Rundweg bequem erwandern.

Das grüne Inselparadies Mljet ist knapp 100 km² groß

Info

Nacionalni park Mljet
Govedjari, Pristanište 2
Tel. 020/744 041][www.np-mljet.hr

Hotel

Hotel Odisej
Pomena][Tel. 020/362 111
www.hotelodisej.hr
Großes, modernes, gut ausgestattetes Haus am Hafen. ●●

Auf die Elaphiten 21

Die Elaphitischen Inseln sind kleine grüne Oasen im Meer nordwestlich von Dubrovnik. Schon die Römer liebten die fruchtbaren Eilande, später ließen Handelsherren, Rektoren und Kapitäne von Ragusa hier ihre Villen erbauen. Heute sind die Inseln etwas isoliert; nur viermal am Tag kommt die Fähre in der Hochsaison, deshalb sollte man den Besuch genau planen › S. 100.

Koločep

Die kleinste der drei Elaphiten ist ideal für ruhige oder sportliche Ferien. Unterkunft bieten die Bungalows **Vile Koločep** (Donje Celo b.b., Tel. 020/757 025, www.kolocep.com, ●●), den Sport der Adventure-Veranstalter Huck Finn › S. 23 mit herrlichen **Seekajak-Touren durchs Archipel.** Echt gut!

*Lopud

Lopud ist ein dicht bewaldetes Eiland mit kleinem Inselberg, den Überresten eines **Franziskanerklosters** und einem herrlichen **Sandstrand** auf der dem Hafen gegenüberliegenden Inselseite. Etwa 20 Minuten braucht man für den Fußweg zum Strand, an dem in der Saison ein Restaurant geöffnet hat.

Hotel

Villa Vilina
Obala Ivana Kuljevana 5
Tel. 020/759 333][www.villa-vilina.hr
Echt gut! **Elegantes, familiäres Hotel** in einem restaurierten Haus am Hafen; mit Pool; dazu einige Apartments. ●●●

*Šipan

Besuchenswert ist diese Elaphiten-Insel wegen der zwei an Ritterburgen erinnernden Villen am Hafen von **Sudjurad,** die im 17. Jh. zwei Kapitänen gehörten (nur für Gruppen zugänglich).

Der zweite Inselhafen, **Luka Šipanska,** liegt etwa 3 km von Sudjurad entfernt. Der Inselbus durchquert von hier aus die Insel und lässt seine Passagiere an der malerischen Bucht von **Šipanska** aussteigen.

Hotel

Hotel Šipan
Tel. 020/754 900
www.sipanhotel.com
Gemütliche renovierte Zimmer in einer umgebauten Fischfabrik. ●●

Restaurant

Konoba kod Marka
Tel. 020/758 007
Beste Landesküche aus frischen Zutaten, am Meer; besser reservieren! ●●●

Die barocke Altstadt von Varaždin

Nach Montenegro: ***Kotor

Das zum UNESCO-Welkulturerbe zählende Städtchen Kotor liegt an einer fjordartigen Bucht mit schmalem Durchgang zum Meer. Eingerahmt von den südlichen Ausläufern des Dinarischen Gebirges, die hier steil und schroff bis zu 1749 m Höhe erreichen, bieten Bucht und Ort ein einzigartiges, malerisches Landschaftsbild. Kotor ist eine römische Gründung (3.Jh.) und wird von eindrucksvollen, zwischen 9. und 19. Jh. erbauten Wehrmauern bewacht. Drei zwischen 12. und 16. Jh. errichtete Tore führen in die Altstadt. Hier erwartet den Besucher ein verwirrendes, charmantes Netz von Gassen, Gässchen und Plätzen rund um die 1166 gegründete und sich heute barock präsentierende Kathedrale Sveti Tripun mit wunderbarem romanischem Kirchenraum. Lassen Sie die mediterrane, aber zugleich auch sehr orientalische Atmosphäre der Altstadt auf sich wirken! Lohnenswert ist auch eine Bootsfahrt vom Hafenort Perast am Nordufer der Bucht zu der zypressenbestandenen Friedhofsinsel Sveti Djordje und zur Insel Gospa Skrpjel, deren barocke Kirche Seeleuten seit Jahrhunderten als Wallfahrtsort dient.

Info: Von Dubrovnik aus fährt man auf guten Straßen 90 km nach Süden bis Kotor; für den Grenzübertritt ist ein Reisepass erforderlich. Auskünfte erteilt das montenegrinische Fremdenverkehrsamt: Montenegro Tourismusbüro, Friedensstr. 7, 60311 Frankfurt, Tel. 0 69/24 24 62 12, sowie online unter www.montenegro.travel oder www.visit-montenegro.com.

Mittelkroatien

Nicht verpassen!

- Ein Bummel durch Zagrebs Ausgehviertel Gornji Grad
- Besuch der imposanten Festung Veliki Tabor im Zagorje
- Zum Heurigen nach Samobor
- Titos Geburtshaus in Kumrovec
- Naive Kunst in Hlebine

Zur Orientierung

Die Habsburger und die Bedrohung durch das osmanische Reich drückten der Hauptstadt und der Mitte Kroatiens ihren Stempel auf, denn nirgendwo sonst gibt es so viele Burgruinen und noch intakte, mächtige Festungen wie hier. **Zagreb** ist zwar im Kern mittelalterlich, präsentiert sich aber im Habsburger Klassizismus und natürlich auch im Gewand sozialistischer und postsozialistischer Moderne. Die Stadt ist lebhaft, jung und dank der Parks auch sehr grün. Die **Medvednica** gleich nördlich und die Gebirgszüge des **Zagorje** im Nordosten und Südwesten sind mit ihren Wäldern, gemütlichen Dörfern und herrischen Burgen beliebte Ausflugsziele für die Großstädter.

Schöne Städte der Umgebung sind **Karlovac** mit seiner als Garnison auf dem Reißbrett geplanten Renaissance-Altstadt sowie **Varaždin,** ein barockes Juwel.

Touren in der Region

Durchs Zagorje nach Varaždin

—(10)— Zagreb › Marija Bistrica › Gornja Stubica › Krapina › Trakošćan › Lepoglava › Varaždin

Länge: 1 Tag, 160 km

Praktische Informationen: Die Tour ist mit öffentlichen Verkehrsmitteln nicht machbar; ein eigenes oder gemietetes Fahrzeug ist notwendig. Die Klosterkirche in Lepoglava ist nur So vormittags zugänglich.

Von ****Zagreb** › S. 126 führt die Autobahn in Richtung Varaždin. Nach 20 km verlassen Sie diese in Richtung Sesvete und folgen nun der Landstraße durch das Hügelland bis **Marija Bistrica,** einem der bedeutendsten Wallfahrtsorte Kroatiens. Die schwarze Madonna in der Wallfahrtskirche wird seit 350 Jahren verehrt, weil sie mithalf, die Türken zu besiegen.

Dann geht es durchs Stubica-Tal nach Westen bis ***Gornja Stubica** › S. 135, dem Ausgangspunkt eines der vielen Bauernaufstände des 16. Jhs. In der Nähe der Stadt **Krapina** weiter im Norden wurden bei Hušnjakovo Artefakte des »Krapina-Menschen«, einer vor 30 000 Jahren hier lebenden Neandertaler-Gruppe, entdeckt. Die Funde kann man in einem Museum besichtigen (Juni–Sept. 9 bis 17 Uhr, im Winter 8–15 Uhr).

Weiter nordwärts durch die Berglandschaft des Zagorje zweigt knapp vor dem Grenzübergang nach Slowenien die Straße nach Trakošćan ab. Das stille Bergland bildet mit seinen dichten Wäldern, mäandernden Flüsschen und malerischen Weinbergen einen herrlichen landschaftlichen Rahmen für das romantische Schloss **Trakoščan** aus dem 13. Jh. Die neugotischen Zinnen und Türmchen wurden dem Prachtbau aber erst im 19. Jh. aufgesetzt und zugleich der schöne Park angelegt. Heute erleben die Besucher in Trakoščan authentische Burgatmosphäre: Wohnräume, Werkstätten und die Waffenkammer lassen die Ära der großen kroatischen Adelsgeschlechter lebendig werden (April–Sept. 9–18, Okt. bis März 9–15 Uhr).

Lepoglava ist berüchtigt für sein Gefängnis, in dem schon Tito inhaftiert war. Besuchenswert ist es trotzdem, denn die Klosterkirche Sv. Marija besitzt eine mit wunderbaren Fresken ausgemalte gotische Kapelle (Besichtigung nur Sonntagvormittag).

Das barocke ***Varaždin** › S. 136 bildet schließlich den krönenden Abschluss der Tour.

(10) **Durchs Zagorje nach Varaždin** Zagreb › Marija Bistrica › Gornja Stubica › Krapina › Trakoščan › Lepoglava › Varaždin

(11) **Durchs Žumberak nach Karlovac** Zagreb › Jarun-See › Samobor › Pribić › Krašić › Ozalj › Karlovac

Durchs Žumberak nach Karlovac

11 Zagreb › Jarun-See › Samobor › Pribić › Krašić › Ozalj › Karlovac

Länge: 1 Tag, 102 km
Praktische Informationen: Für die Tour benötigen Sie ein eigenes Kfz sowie eine möglichst genaue Karte, um die kleinen Straßen und Dörfer zu finden.

Das Žumberak-Gebirge nördlich der Autobahn Zagreb–Karlovac ist eine idyllische, bäuerliche Region mit steilen Hügeln, einsamen Höfen, Weinbergen und Wäldern. Nicht so sehr einzelne Sehenswürdigkeiten, sondern die landschaftliche Schönheit machen diese Tour auf Nebenstraßen interessant. Von ****Zagreb** aus am Jarun-See vorbei geht's nach Nordwesten in den beliebten Ausflugsort ***Samobor** › S. 135. Nach einer Pause in einem der Gasthäuser beginnt die Bergtour über die Dörfer **Pribić** und **Krašić** nach **Ozalj.** Der bereits im 13. Jh. erwähnte Ort am Flüsschen Kupa wird von einer mächtigen Burg bewacht. Wenn Sie die Tour gemütlich angehen, unterwegs eigene Entdeckungen machen und einkehren, sind Sie in etwa einem halben Tag in ***Karlovac** › S. 136, dessen sehenswertes Renaissance-Zentrum dann zum Bummeln und Einkehren einlädt.

Verkehrsmittel

In Zagreb verkehren Busse und Straßenbahnen (Fahrpläne: www.zet.hr), Regionalbusverbindungen bestehen von der Hauptstadt in alle größeren Städte. Für Fahrten abseits der Hauptrouten ist ein eigenes Fahrzeug von Vorteil.

Unterwegs in Mittelkroatien

12 **Zagreb 1

Barocke Klöster und klassizistische Paläste verleihen Zagreb (780 000 Einwohner) den Glanz österreichischer Metropolen, wie etwa Wien und Graz, das städtische Leben aber orientiert sich eher am mediterranen Rhythmus von Triest oder Split. Zagreb ist eine Stadt, die mit der Sonne auflebt und sich dann von ihrer schönsten Seite zeigt.

Geschichte

Um das 7. Jh. gründeten südslawische Völker eine Siedlung auf einem Hügel, deren Gotteshaus in einem Kirchendokument 1094 erstmals erwähnt wird. Daraus entwickelte sich die Bischofsstadt Kaptol, während auf dem Hügel gegenüber die Handwerkersiedlung Gradec, gefördert durch eine Bulle König Belas IV., zu einem freien, wirtschaftlich blühenden Gemeinwesen heranwuchs.

Nach dem Ende der Türkeneinfälle fing man in Gradec an, repräsentativ im Barock zu bauen, und 1850 wurden die beiden Städte zu einer neuen Stadt, Zagreb (deutsch Agram), vereint.

Jelačić-Platz und Kaptol-Viertel

Informationsbörse, Marktplatz, Verkehrsknotenpunkt – all dies ist Zagrebs Hauptplatz im Zentrum, der **Trg bana Jelačića** Ⓐ. Namensgeber ist der kroatische König Banus Jelačić, der 1848 die bürgerliche Revolution in Ungarn niederschlug – keine Empfehlung für einen sozialistischen Volkshelden, weshalb das Denkmal auch 1947–1991 in der Versenkung verschwunden war.

Stufen führen hinauf auf den ***Dolac** Ⓑ, eine Terrasse, auf der vormittags Zagrebs größter Markt abgehalten wird. Während hier Obst und Gemüse um die Wette leuchten, locken Fisch und Fleisch in den Hallen unterhalb der Terrasse die Käufer an.

Am nahen ***Kaptol-Platz** Ⓒ schlägt das Herz des kirchlichen Lebens in Zagreb, dessen Zentrum die ****Kathedrale Mariä Himmelfahrt** (Marijina Uznesenja) ist. Nach dem Erdbeben von 1880 wurde sie mit 105 m hohen Zwillingstürmen im neogotischen Stil bestückt, ihre Fundamente aber reichen bis ins Jahr 1094 zurück. Im Kircheninnern verbinden sich Bauformen der Gotik mit neogotischen Elementen aus der Gründerzeit, darunter die von dem Wiener Architekten Hermann Bollé Ende des 19. Jhs. gestalteten bunten Glasfenster. Barockes Prunkstück ist eine Kanzel von 1696, die von einem Engel getragen wird. Ein Relief des Bildhauers Ivan Meštrović schmückt den Sarkophag des 1998 vom Papst seliggesprochenen Bischofs Alizije Stepinac.

Der Graben zwischen Kaptol und Dolac ist heute kein trennendes, sondern ein verbindendes Element der beiden Stadtteile, in dem vor allem abends fröhliches Treiben herrscht. Darüber wacht eine wundertätige Marienstatue im düsteren Durchgang des **Steinernen Tores** (Kamenita vrata) Ⓓ, des einzigen, das von der Stadtmauer von Gradec übrig geblieben ist.

Markt am Dolac

Viele Gebäude in der Oberstadt stammen aus dem 17. und 18. Jh.

Echt gut!

Vom Dolac zwischen den beiden Hügeln nach Norden führt die **Tkalčićeva-Straße** Ⓔ. Sie ist gesäumt von Boutiquen, Cafés und Bars und abends erster Treff der Nachtschwärmer.

In der Oberstadt

Am Markov Trg Ⓕ

Mittelpunkt der Oberstadt (Gornji Grad, auch Gradec) ist der Markusplatz mit dem Parlamentsgebäude **Sabor,** dem barocken Banuspalast **Banski Dvor** und der ** **St. Markus-Kirche** (Crkva sv. Marka). Das Dach der im frühen 13. Jh. errichteten und später mehrmals umgebauten Kirche ist in den kroatischen Nationalfarben Blau, Weiß und Rot gedeckt und mit zwei Wappen verziert. Der Innenraum zeigt fast unverfälschte romanische Schlichtheit. Wunderbar ist das spätgotische Portal der Kirche mit reichem plastischem Schmuck.

Die Museumsmeile

In den ehemaligen Privaträumen des berühmten kroatischen Bildhauers stellt das **Atelier Meštrović** (Atelje Meštrović) Ⓖ sehenswerte Werke von Ivan Meštrović › S. 37 aus (Mletačka 8, www.mdc.hr/mestrovic, Di–Fr 10–18, Sa/So 10–14 Uhr, Mo geschl.).

Ein Besuch im ***Museum der Stadt Zagreb** (Muzej grada Zagreba) Ⓗ ist nicht nur historisch Interessierten zu empfehlen. Von der Hallstatt-Kultur über das mittelalterliche Zagreb und die Erfindung des Füllfederhalters bis zur jungen kroatischen Comicszene dokumentieren zahlreiche Exponate wichtige Ereignisse und Epochen des städtischen Lebens (Opatička 20, www.mdc.hr/mgz, Di–Fr 10–18, Sa/So 10–13 Uhr).

Naive Kunst in allen Farben und Facetten macht die Ausstellung des ***Museums für Naive Kunst** (Hrvatski muzej Naivne

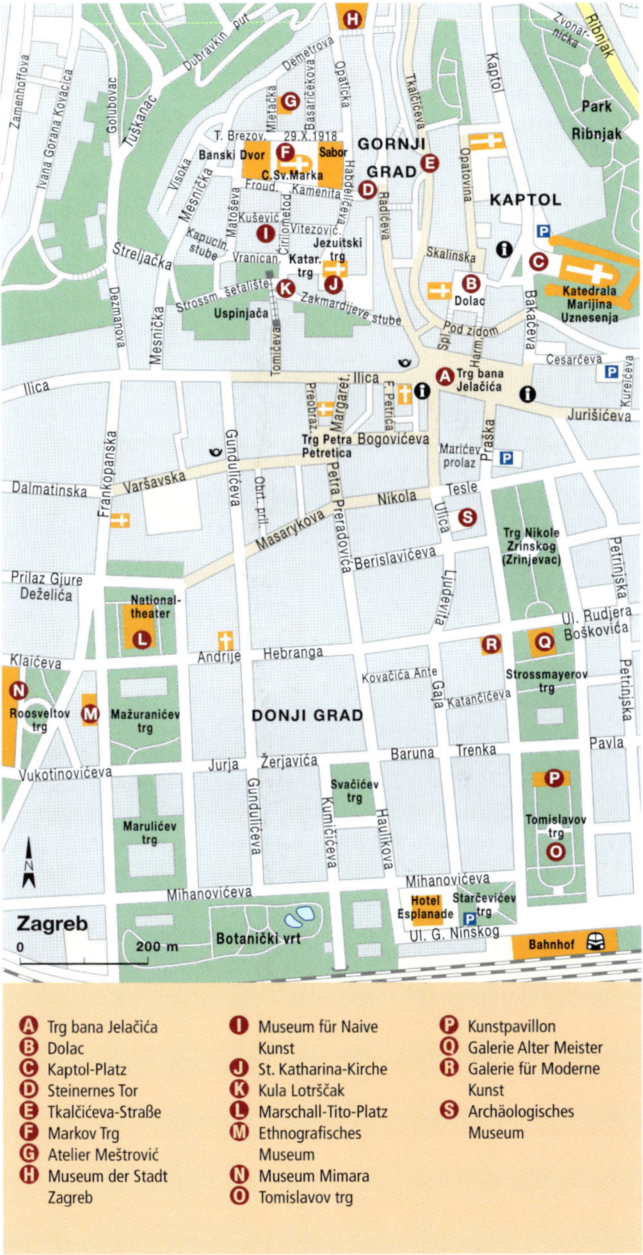

- **A** Trg bana Jelačića
- **B** Dolac
- **C** Kaptol-Platz
- **D** Steinernes Tor
- **E** Tkalčićeva-Straße
- **F** Markov Trg
- **G** Atelier Meštrović
- **H** Museum der Stadt Zagreb
- **I** Museum für Naive Kunst
- **J** St. Katharina-Kirche
- **K** Kula Lotrščak
- **L** Marschall-Tito-Platz
- **M** Ethnografisches Museum
- **N** Museum Mimara
- **O** Tomislavov trg
- **P** Kunstpavillon
- **Q** Galerie Alter Meister
- **R** Galerie für Moderne Kunst
- **S** Archäologisches Museum

Umjetnosti) I zu einem Erlebnis. Präsentiert werden Werke der Künstler aus Hlebine › S. 37/137 neben Arbeiten anderer namhafter kroatischer Naiver (Ćirilometodska 3, www.hmnu.org, Di–Fr 10–18 Uhr, Sa/So 10–13 Uhr).

Am Katarinin Trg

Die ****St. Katharina-Kirche** (Sv. Katarina) J am Katharinenplatz wartet mit einer Barockorgie in Weiß und Rosé auf: Der Innenraum (1720) ist ein spätbarockes Schmuckstück mit Stuckarbeiten des Italieners Antonio Quadrio. Eine Statue des Ignatius von Loyola aus der Hand von Francesco Robba (1730) ziert die Ignatius-Kapelle (tgl. 10–13 Uhr).

Auf dem Weg in die Unterstadt, ist der Turm ***Kula Lotrščak** K neben dem Steinernen Tor einer der wenigen Überreste der alten Stadtbefestigung. Man kann ihn besteigen und von oben das Panorama genießen (Mai–Okt. Di–So 11–20 Uhr).

Von hier führt die Zahnradbahn **Uspinjača** (tgl. 6.30–21 Uhr) hinunter in die Unterstadt zur Einkaufsstraße Ilica. Auf dem Fußweg von der Ober- in die Unterstadt bietet sich das **Gasthaus Vallis Aurea** für eine Rast an › S. 133.

Das neobarocke Nationaltheater

In der Unterstadt

Die Unterstadt (Donji Grad), die sich am Rande der beiden Hügel Kaptol und Gradec auf rechtwinkligem Grundriss ausbreitet, wird von einer begrünten Architekturanlage dominiert. Das sogenannte ****Grüne Hufeisen** entstand ab 1874 nach Entwürfen des Architekten Milan Lenuci.

Westliche Längsachse

Am ***Marschall-Tito-Platz** (Trg Maršala Tita) L ist die architektonische Welt in Ordnung: Neobarock geprägt ist die Fassade des ***Nationaltheaters,** das 1894/95 nach Entwürfen der Wiener Theaterarchitekten Helmer und Fellner erbaut wurde.

Der im Süden anschließende Mažuranićev Trg wird von der Kuppel des 1903 im Stil der Wiener Sezession errichteten ***Ethnografischen Museums** (Etnografski Muzej) M beherrscht. Besonders sehenswert ist hier die Ausstellung kroatischer Trachten (www.mdc.hr/etno, Di–Do 10 bis 18, Fr–So 10–13 Uhr).

Das **Museum Mimara** N beherbergt hinter seiner prächtigen Gründerzeitfassade eine vielseitige Kunst- und Kunstgewerbesammlung des Malers Ante Topić Mimara (Roosveltov trg 5, www.mimara.hr, Di, Mi, Fr, Sa 10–17, Do 10–19, So 10–14 Uhr).

Gründerzeitkulisse am großzügig angelegten Tomislav-Platz

Querachse

An Flora Interessierte werden vom ***Botanischen Garten** (Botanički vrt) eher enttäuscht sein, da er nicht mit exotischer Pflanzenvielfalt aufwartet; wer jedoch im ruhigen Grün Entspannung sucht, sitzt oder liegt hier richtig (April–Okt. Mo/Di 9–14.30, Mi bis So 9–19 Uhr).

In cremefarbenem Neoklassizismus präsentiert sich weiter östlich das 1925 errichtete **Hotel Esplanade** › S. 132 (Mihanovićeva 1).

cht gut!

Den ästhetischen Höhepunkt der u-förmigen Gesamtanlage bildet der mit akkurat gestutzten Hecken und bunten Blumenbeeten gestaltete ****Tomislavov trg** O. Auf dem Platz steht das Reiterdenkmal König Tomislavs, der im 10. Jh. über die Kroaten herrschte und nun auf hohem Ross die Reisenden begrüßt, die den neo-klassizistischen **Bahnhof** von 1892 verlassen.

Östliche Längsachse

Der von Helmer und Fellner 1896 erbaute, elegante **Kunstpavillon** (Umjetnički paviljon) P begrenzt den Tomislav-Platz nach Norden. Üppiger Stuck und Marmor im Inneren bilden den Rahmen für wechselnde Kunstausstellungen. Das **Denkmal** vor dem Pavillon zeigt den Renaissance-Dichter Andrija Medulić und ist ein Werk von Ivan Meštrović.

An dem ebenfalls begrünten **Strossmayerov trg** hat sich alte und moderne Kunst niedergelassen. Von Ivan Meštrović porträtiert, sitzt Bischof Juraj Strossmayer vor der 1866 gegründeten **Akademie der Künste und Wissenschaften.** Ein Teil des Gründerzeitpalastes beherbergt heute die **Galerie Alter Meister** (Galerija starih majstora) Q, in deren Besitz sich unter anderem Werke von El Greco, Tintoretto, Bellini, Pieter Brueghel, van Dyck und

Delacroix befinden (www.info.hazu.hr/strossmayerova_galerija_starih_majstora, Di–So 10–13, Di auch 17–19 Uhr). Schräg gegenüber zeigt die **Galerie für Moderne Kunst** (Moderna Galerija) Ⓡ kroatische Kunst ab 1850 (Di–Fr 10–18, Sa/So bis 13 Uhr). **Zrinjevac** nennen die Zagreber den Trg Nikole Zrinskog, der das Hufeisen im Nordosten abschließt.

Zum Fundus des **Archäologischen Museums** (Arheološki muzej) Ⓢ zählen Exponate zur Frühgeschichte Kroatiens, aber auch ägyptische Mumien (www.amz.hr, Di–Fr 10–17, Do bis 20, Sa/So 10–13 Uhr).

Info

Tourist Informazion Center
Trg bana Jelačića 11
Tel. 01/481 4051 und 481 4052
10000 Zagreb
www.zagreb-touristinfo.hr
Mit Virtual Guide und vielen Infos.

Verkehr

Flughafen Zagreb-Pleso
17 km südöstlich der Stadt
Flugauskunft Tel. 01/626 5222
www.zagreb-airport.hr
Innerkroatische Verbindungen nach Pula, Rijeka, Brač, Split, Zadar, Dubrovnik; Flüge nach Frankfurt/M., München, Wien, Zürich. Ein Taxi von der Stadt zum Flughafen kostet um 230 Kuna; günstiger ist der Flughafenbus, der halbstündlich fährt (Fahrpreis einfach 30 Kuna).

Hauptbahnhof Glavni kolodvor
Tomislavov trg 12
Zugauskunfts-Tel. 060/333 444
www.hznet.hr
Züge nach Rijeka und Split sowie München und Wien.

Busbahnhof Avtobusni kolodvor
Ecke Branimirova und Držićeva
Busauskunft Tel. 060/340 340
www.akz.hr
Hervorragende Verbindungen in alle Landesteile.

Hotels

Esplanade
Mihanovićeva 1][Tel. 01/456 6666
www.regenthotels.com
Innen wie außen renoviert, strahlt das klassizistische Prunkstück in nostalgischem Glanz und bietet nicht nur in den über 200 Zimmern höchsten Komfort, dazu zwei elegante Restaurants sowie eine Bar & Lounge. ●●●

Palace
Strossmayerov trg 10
Tel. 01/489 9600][www.palace.hr
Stilvolles Haus aus der Wende vom 19. zum 20. Jh., mit gut 120 Zimmern, Restaurant und Café mit Terrasse. ●●●

Dora
Trnjanska 11e][Tel. 01/631 1900
www.zug.hr
Kleines, angenehmes Mittelklassehotel, nicht weit vom Bahnhof. ●●

Jaegerhorn
Ilica 14][Tel. 01/483 3877
www.hotel-jagerhorn.hr
Nette Pension an der Flaniermeile Ilica, ruhig nach hinten gelegen. ●

Restaurants

Ribarski Brevijar
Kaptol 27][Tel. 01/481 2189
www.ribarski-brevijar.hr
Meerestiere **frisch aus der Fischhandlung der Eigentümerfamilie,** sind tadellos und so kreativ zubereitet, dass selbst der Gault Millau staunt. ●● Echt gut

Zarte Pastelltöne und stets besetzte Stühle im Restaurant Cantinetta

■ **Cantinetta**

Nikole Tesle 14][Tel. 01/481 1315

Italienische und kroatische Küche in lichtem Ambiente. Mo–Sa 9–23 Uhr. ●●

■ **Kaptolska klet**

Kaptol 5][Tel. 01/481 4838

Hervorragende kroatische Grillgerichte. Hübscher Innenhof. Tgl. 10–24 Uhr. ●●

■ **Okrugljak**

Mlinovi 28][Tel. 01/467 4112

Beliebtes Ausflugslokal an der Medvednica; die Forelle vom Grill mundet köstlich. Tgl. 11–24 Uhr. ●●

■ **Vallis Aurea**

Tomičeva 4][Tel. 01/ 483 1305

Das Gasthaus serviert gute slawonische Hausmannskost, z.B. topfengefüllte *štrukli.* Mo–Sa 9–23 Uhr. ●●

■ **Pod Gričkim Topom**

Zakmardijeve stube 5

Tel. 01/483 3607

Preiswert, mit hübscher Terrasse, gute Grillgerichte. Tgl. 11–24 Uhr. ●●

■ **Ivica i Marica**

Tkalčićeva 70][Tel. 01/482 8999

Leichte und traditionelle Küche, mit angeschlossener Konditorei. ●●

Shopping

Galerija Kaptol

Kaptol 13][Tel. 01/481 4816

www.galerijakaptol.hr

Zeitgenössische naive Kunst.

Ausflüge von Zagreb

**Medvedgrad 2

An Wochenenden ziehen die Zagreber mit Kind und Kegel auf den Stadtberg **Medvednica** (1035 m) mit der Festung Medvedgrad. In ihr ist eine pompöse Gedenkstätte als Symbol der kroatischen Unabhängigkeit eingerichtet.

Special

Nachtleben in Zagreb

Ein typischer Zagreber Ausgehabend beginnt mit einem Bummel durch die **Tkalčićeva** oder **Bogovićeva ulica**, wo sich die Straßencafés gegenseitig den Platz auf dem Trottoir streitig machen. Meist treffen die Zagreber hier ihre Freunde, mit denen sie dann durch die Clubs ziehen – die öffnen ihre Pforten nicht vor 22 Uhr und füllen sich ab Mitternacht.

■ **Klub Kino Grič**

Jurišićeva 6][Tel. 01/483 4900

Die Lounga-Bar des Kino Grič ist ein neuer, farbenfroher, junger Treff in der Zagreber Bar-Landschaft; an den Wochenenden verwandelt sie sich in einen angesagten Club.

■ **Hemingway Bar**

Tuškanac 1][Tel. 01/483 4958

www.hemingway.hr

In der Hemingway Bar verkehren angeblich die schönsten Mädchen Zagrebs. Hier gibt es sicherlich die besten Mojitos.

■ **Aquarius**

Alea Matije Ljubeka][Tel. 01/364 0231

www.aquarius.hr

Nach wie vor erste Wahl – von Techno und Hip-Hop bis Funk und Salsa wird für jeden etwas geboten.

■ **Močvara**

Trnjanski nasip bb][Tel. 01/615 9668

www.mochvara.hr

In einer ehemaligen Fabrik wurde Zagrebs wichtigstes alternatives Club- und Kulturzentrum wiedereröffnet.

■ **Boogaloo**

Vukovarska 68][Tel. 01/631 3022

www.boogaloo.hr

Afro- und Latin-Freunde bedient der Boogaloo Club – auch mit wöchentlichen Salsa-Partys.

■ **Bacchus**

Trg kralja Tomislava 16

Tel. 098/322 804

www.bacchusjazzbar.net

Seit der Schließung des legendären BP Club die beste Adresse für Jazz und Blues in Zagreb.

*Gornja Stubica 3

Der Ort besitzt eine angeblich über 400 Jahre alte Linde, unter deren Krone Matija Gubec und die anderen Anführer das Signal für den Bauernaufstand 1573 gegeben haben sollen. Im **Barockschloss Orsić** erinnert ein Museum (Muzej seljačkih buna) an die Aufstände (Sommer tgl. 9–19 Uhr, Winter Di–So 9–17 Uhr).

**Kumrovec 4

Das Dörfchen ist in zweifacher Hinsicht einen Ausflug wert: Es hat einen sehr prominenten Sohn, Josip Broz, besser bekannt unter seinem Partisanennamen Tito. Und weil Tito 1892 in Kumrovec geboren wurde, hat man sein Haus unter Denkmalschutz gestellt und drumherum ein **Museumsdorf** errichtet. Hier kann man die Bauernarchitektur des Zagorje studieren. Die Bauernhäuser sind in warmen Pastellfarben gestrichen, ihre Dächer mit Schindeln oder Stroh gedeckt. Im Inneren kann man die Werkstatt eines Webers und eines Schnitzers besichtigen, in einem Haus ist sogar eine komplette Hochzeitsgesellschaft zu bewundern. Der Mittelpunkt ist jedoch **Titos Geburtshaus** (Muzej staroselo), das sein Leben dokumentiert (Tel. 049/553 107, www.mdc.hr/kumrovec, April–Sept. tgl. 9–19, Okt. bis März tgl. 9–16 Uhr).

Echt gut!

**Veliki Tabor 5

Die Burg zählt zu den eindrucksvollsten Festungsanlagen Kroatiens. Im 12. Jh. von den slowenischen Grafen von Cilli gegründet, wurde sie im 16. Jh. im Renaissancestil umgebaut. Unter den Arkaden des Innenhofes kann man ein Sammelsurium von Waffen und Hausrat aus dem Mittelalter besichtigen (www.velikitabor.com, im Winter tgl. 10–15, im Sommer tgl. 10–18 Uhr).

Restaurant

Grešna Gorica
Tel. 049/343 001
www.gresna-gorica.com
Etwa 1 km östlich von Veliki Tabor liegt die so urige wie beliebte Ausflugsgaststätte. Sie offeriert in rustikalem Ambiente und auf der schönen Terrasse mit Burgblick Spezialitäten aus dem Zagorje, darunter Puter mit *mlinzi*, Rehgulasch und natürlich *štrukli*. ●●

*Samobor 6

Nach Samobor geht's im Herbst zum Heurigen. Das Städtchen ist umgeben von Weinbergen und liegt am Fuß der Žumbarek-Berge, in denen die Zagreber am Wochenende gerne wandern.

Nach der Weinlese öffnen Winzer und Bauern ihre Häuser zur **Verkostung des jungen Tropfens (Heurigen)**; oft werden dazu Schmalzbrote, Bauernwürste oder Schinken gereicht.

Echt gut!

Restaurant

Samoborski slapovi
Hamor 16
Tel. 01/338 4063
In dem Ausflugsrestaurant mit eigenem Fischteich kommen frische Forellen, Geflügel, Gerichte vom Holzkohlengrill und *štrukli* auf den Tisch. ●●

*Karlovac 7

Wenn auch die moderne Peripherie der Stadt auf den ersten Blick enttäuscht, ist das 54 km von Zagreb entfernte Karlovac (60 000 Einw., www.karlovac-touristinfo.hr) eine durchaus sehenswerte Stadt mit einem eigenwilligen Grundriss: 1579 wurde es auf Initiative des Erzherzogs Karl II. als Neugründung im Geiste der Renaissance geplant und Karlsburg genannt. Er ließ Karlovac als einen von Wassergräben umgebenen, sechszackigen Stern mit geradlinigem Straßenraster um einen rechteckigen Platz anlegen. Noch heute prägt dieser Stern den Grundriss der **Innenstadt;** die einstigen Wassergräben aber sind vor langer Zeit Parkanlagen gewichen. Karlovac ist ein angenehmer Zwischenstopp auf der Fahrt vom Landesinneren an die Küste. Den Bummel durch die ehemalige Wehranlage, deren geometrisch angelegten Achsen heute von Häusern aus dem 18. und 19. Jh. gesäumt sind, können Sie im **Café Mozart** (trg Matje Gupca) bei Kuchen oder Eis beschließen.

Ländliche Idylle im Zagorje

*Varaždin 8

Die schmucke Barockstadt an der Drau (Drava) hatte ihre Blütezeit im 17./18. Jh., als sie als Bollwerk gegen die Osmanen ausgebaut wurde. An der Hauptverbindungsstraße des Königreichs Ungarn zur Adria gelegen, profitierte sie vom Handel und lockte viele Adelsfamilien in ihre Mauern. 1765–1776 war sie sogar kroatische Hauptstadt, bis ein Stadtbrand die kurze Ära beendete. Heute umgibt Varaždin (50 000 Einw.) ein gemächliches Flair, zu dem auch die überraschend vielen Radfahrer beitragen.

Die Altstadt

Am Trg Slobode ist mit **Sv. Nikola** eine der wenigen gotischen Kirchen erhalten, im Inneren wurde sie allerdings barockisiert. Interessant ist das Fresko hinter dem Altar mit der Ansicht von Varaždin im 18. Jh. 1873 errichtete der Architekt Hermann Helmer das klassizistische **Theater.**

Die Gundulićeva führt, gesäumt von barocken Kaufmannshäusern, zum Franjevački trg mit der prunkvollen barocken Franziskanerkirche **Sv. Ivana Kristelja.**

Ein paar Schritte nach rechts in die Pavlinska ulica prunkt ein weiterer Sakralbau im lichten Barock: die **Kathedrale Mariä Himmelfahrt** (Katedrala Uznesenja Blažene Djevice Marije).

Richtig gemütlich wirkt der Platz **Trg Kralja Tomislava** mit seinen niedrigen, teils mit Barockarkaden geschmückten Häusern und dem 1573 erbauten Rathaus, das ein Uhrturm krönt. Jeden Samstag um 11 Uhr findet vor dem Rathaus eine feierliche **Wachablösung in historischen Uniformen** statt.

Die Burg *Stari Grad

Seit dem 12. Jh. bewacht Stari Grad die Kreuzung der alten Handelsstraßen Budapest–Zagreb und Graz–Belgrad. Die ältesten erhaltenen Bauteile sind die im 14. Jh. erbauten Rundtürme; im 16. Jh. verstärkte der berühmte Festungsbaumeister Domenico dall'Allio die Bastion gegen die Türkengefahr, und als diese gebannt war, diente Stari Grad der Adelsfamilie der Erdödy als Stammschloss. Heute residiert in den Räumen das **Stadtmuseum** (Gradski muzej) mit Möbeln, Waffen und anderen historischen Exponaten (Sommer Di–So 10–18, Winter Di–Fr 10–17, Sa/So 10–13 Uhr).

Ein musikalischer Genuss ist das **Barockfestival Varaždinski barokni večeri** in den letzten beiden Septemberwochen, das in den historischen Räumen der Kirchen und Palazzi stattfindet.

Info

Tourismusverband
Ivana Padovca 3
42000 Varaždin][Tel. 042/210 987
www.tourism-varazdin.hr

Hotel

Turist
Aleja kralja Zvonimira 1
Tel. 042/395 395
www.hotel-turist.hr
Modernes größeres Geschäftshotel im Stadtzentrum mit elegantem Restaurant und Bar. ●●

Restaurant

Zlatna guska
Juraja Habdelića 4
Tel. 042/213 393
Die »Goldene Gans« ist mit historischem Dekor eingerichtet und serviert »Henkersmahlzeit« oder »Ratsherrenplatte« – **alles köstliche Spezialitäten der Region.** ●●

Ausflug nach *Hlebine 9

Das 61 km südöstlich gelegene Dorf gilt als Wiege der berühmten kroatischen Naiven Malerei. Ivan Generalić, ein Gründer der »Schule von Hlebine« › S. 37, stammt von hier. Hlebine selbst hat sich mittlerweile vom Bauern- zum Künstlerdorf gewandelt, die **Galerija Hlebine** stellt hier die Werke der Begabtesten aus (Trg. I. Generalića 15, Mo–Fr 10–16, Sa nur bis 14 Uhr). Den Galerie-Besuch können Sie gleich nebenan im **Café Naiva** bei einer Stärkung Revue passieren lassen.

Infos von A–Z

Ärztliche Versorgung

Die medizinische Versorgung in Kroatien entspricht mitteleuropäischem Standard. Städte verfügen in der Regel über ein Krankenhaus *(bolnica)*, kleinere Ortschaften zumindest über eine ambulante Erstversorgung. Apotheken *(apoteka)* sind meist 7–19 Uhr geöffnet. Bei der Suche nach einem Arzt *(doktor)* helfen Hotelmitarbeiter oder die Wirtsleute. Der Abschluss einer Auslandsversicherung, die zumindest einen medizinisch notwendigen Rücktransport abdeckt, ist empfehlenswert.

Behinderte

Reisende mit Handicaps finden in vielen Hotelanlagen behindertengerechte Einrichtungen; das vom Fremdenverkehrsamt herausgegebene Hotelverzeichnis weist auf diese Häuser hin. Allerdings schränken felsige und steinige Strände den Meereszugang oft ein.

Diplomatische Vertretungen

- **Deutsche Botschaft**
Ulica grada Vukovara 64, 10000 Zagreb, Tel. 01/630 0100, Fax 615 5536, www.zagreb.diplo.de
- **Österreichische Botschaft**
Radnička c. 80, 10000 Zagreb, Tel. 01/488 1050-54, Fax 483 4461, www.bmeia.gv.at/botschaft/zagreb.html
- **Schweizerische Botschaft**
Bogovićeva 3, 10000 Zagreb, Tel. 01/487 8800, Fax 481 0890, www.eda.admin.ch/zagreb

Einreise

Reisende aus Deutschland, Österreich und der Schweiz benötigen bei einem Aufenthalt von bis zu 30 Tagen einen noch mindestens 30 Tage gültigen Reisepass oder Personalausweis bzw. Identitätskarte, für Aufenthalte über 90 Tage ein Visum.

Für Autofahrer sind Führerschein und Fahrzeugschein obligatorisch, die Mitnahme der Internationalen Grünen Versicherungskarte wird empfohlen.

Elektrizität

Die Netzspannung beträgt 220 Volt (50 Hertz Wechselstrom). Adapter sind nicht notwendig.

Feiertage

- 1. Januar (Neujahr)
- 6. Januar (Hl. Drei Könige)
- Ostermontag
- 1. Mai (Tag der Arbeit)
- Fronleichnam
- 22. Juni (Jahrestag des antifaschistischen Kampfes)
- 25. Juni (Staatsfeiertag)
- 5. August (Tag des Sieges)
- 15. August (Mariä Himmelfahrt)
- 8. Oktober (Unabhängigkeitstag)
- 1. November (Allerheiligen)
- 25./26. Dezember (Weihnachten).

Geld und Währung

Offizielle kroatische Währung ist die Kuna (HRK). Eine Kuna unterteilt sich in 100 Lipa (Lp). Diese Münzen sind im Wert von 10, 20 und 50 Lipa sowie von 1, 2 und 5 Kuna im Umlauf. Banknoten gibt es im Wert von 5, 10, 20, 50, 100, 200, 500 und 1000 Kuna.

Bei der Ein- und Ausreise darf man ausländische Zahlungsmittel in beliebiger Höhe mitnehmen, muss aber Geld ab dem Gegenwert von 10 000 Kuna dem Zoll melden. Der Umtausch vor Ort ist meist günstiger als im Heimatland. **Wechselkurse** (Stand: Nov. 2012): 1 € = 7,50 Kuna, 1 CHF = 6,19 Kuna, 10 Kuna = 1,33 €, 10 Kuna = 1,61 CHF.

Vielerorts kann man auch mit Euro bezahlen. Größere Hotels, Geschäfte etc. akzeptieren gängige Kreditkarten. In den Städten erhält man mit der Bankkarte (Maestro) Bargeld an Geldautomaten. Beim Verlassen Kroatiens kann man Kuna unter Vorlage der Wechselbestätigung zurücktauschen.

Haustiere

Für Haustiere muss bei der Einreise ein mind. 30 Tage und max. sechs Monate altes Tollwutimpfzeugnis sowie ein höchstens 30 Tage altes internationales Gesundheitszeugnis vorgelegt werden. Der EU-Heimtierpass wird anerkannt.

Information

Kroatische Zentrale für Tourismus

- 60311 **Frankfurt/M.,** Hochstr. 43, Tel. 0 69/238 5350, Fax 2385 3520, http://de.croatia.hr
- 80469 **München,** Rumfordstr. 7, Tel. 0 89/223 344, Fax 223 377
- 1090 **Wien,** Liechtensteinstr. 22 a, 1/1/7, Tel. 01/5 85 38 84, Fax 5 85 38 84 20, http://at.croatia.hr
- 8004 **Zürich,** Seestr. 160, Tel. 043/336 2030, Fax 336 2039, http://ch.croatia.hr

In Kroatien erteilen die lokalen Touristikverbände *(Turistićka zajednica*, TZG bzw. TZO) und deren Informationsbüro (Turist Info oder Tourist Information Office) Auskünfte. Deren Adressen sind bei den jeweiligen Orten angegeben.

Viele der Fremdenverkehrsverbände sind mit einer eigenen Homepage im Internet vertreten (Links: www.htz.hr unter »Reiseziele«).

Maßeinheiten

In Kroatien gilt das metrische System. Speisen und Getränke in kleineren Mengen werden dezi- und dekaweise verkauft: Ein Dezi *(deci)* Wein ist ein Gläschen mit 0,1 Liter, fünf Deka Käse sind 50 Gramm.

Notruf

- Mehrsprachiger **EU-Notruf:** 112
- **Polizei** *(policija):* Tel. 92
- **Feuerwehr** *(vatrogasci):* Tel. 93
- **Unfallrettung** *(hitna pomoč):* Tel. 94
- **Pannenhilfe HAK** (Hrvatski Auto Klub): Tel. 9 87

Öffnungszeiten

- **Geschäfte** und **Kaufhäuser** haben keine gesetzlich geregelten Öffnungszeiten. Lebensmittelgeschäfte, Metzgereien und Bäckereien sind generell Mo bis Sa 7.30–12.30 Uhr und 17–20 Uhr geöffnet, Supermärkte durchgehend von 8–20 Uhr. In Urlaubsorten verlängern viele Ladeninhaber die Öffnungszeiten abends und am Wochenende.
- **Restaurants** in den Feriengebieten sind meist täglich 11–23 Uhr geöffnet; nur wenige haben einen Ruhetag oder schließen nachmittags.
- **Banken:** Schalterstunden in größeren Städten sind Mo–Fr 7–19, Sa 7 bis 13 Uhr, in kleineren Ortschaften sind sie über Mittag geschlossen.
- **Museen** sind zumeist Di–Sa 8 bis 18, So 9–15 Uhr geöffnet, wegen der saisonal starken Schwankungen sollten Sie bei den Fremdenverkehrsämtern vor Ort nach den aktuellen Öffnungszeiten fragen.
- **Postämter** sind Mo–Fr 7–19, Sa 8–13 Uhr geöffnet (in größeren Orten mitunter auch sonntags).

Post und Internet

Briefmarken *(poštanska marka)* werden in Postämtern (HPT), an Zeitungskiosken *(tisak)* und Tabakkiosken *(duhan)* verkauft. Internetcafés gibt es in allen größeren Orten und Touristenzentren.

Rauchverbot

In allen öffentlichen Gebäuden gilt striktes Rauchverbot. Hotels, Restaurants, Cafés dürfen jedoch spezielle Raucherzimmer einrichten.

Sicherheit

Kroatien ist ein sicheres Urlaubsland, doch sollte man die üblichen Vorkehrungen beachten, wie keine Wertgegenstände im Auto oder im Hotelzimmer lassen oder beim Stadtbummel nur Notwendiges an Wert mitnehmen und dies sicher verstauen.

! Das Auswärtige Amt warnt wegen Landminengefahr davor, in den bis zum Sommer 1995 von serbischen Separatisten gehaltenen Gebieten Straßen und Wege zu verlassen. Auch Trümmerareale und leerstehende Gebäude sollten hier auf keinen Fall betreten werden. Detailliertere Informationen dazu erhält man beim Croatian Mine Action Center unter www.hcr.hr (in Englisch).

Telefon und Handy

Am günstigsten telefoniert man von öffentlichen Fernsprechern mit einer Telefonkarte *(telefonska kartica)*, Ferngespräche aus Hotels kosten mindestens das Doppelte.

Handys mit GSM 900-Standard sind in Kroatien einsetzbar, das Netz ist an der Küste so gut wie flächendeckend.

Gute Tipps zum Telefonieren in Kroatien, sowohl mit dem Mobiltelefon als auch aus dem Festnetz, findet man im Internet unter www.teltarif.de/roaming/kroatien.

Internationale Vorwahlnummern:

- nach Deutschland 00 49
- nach Österreich 00 43
- in die Schweiz 00 41
- nach Kroatien 0 03 85

Nach der internationalen Kennung folgt die Ortsvorwahl ohne 0 und die Rufnummer. Die **Auskunft** für ganz Kroatien erreicht man unter 988.

Trinkgeld

In der Gastonomie und Hotellerie ist der Service im Preis inbegriffen. Über ein Trinkgeld von etwa 10 % für guten Service freuen sich Bedienungen und Taxifahrer aber selbstverständlich.

Zeit

Kroatien liegt in derselben Zeitzone wie Mitteleuropa. Im Sommer gilt wie in Deutschland die Sommerzeit (MEZ + 1 Std.).

Zollbestimmungen

Zollfrei dürfen folgende Waren ein- und ausgeführt werden: 200 Zigaretten, 50 Zigarren oder 250 g Tabak, 1 l Spirituosen, 2 l Wein und 50 ml Parfüm zum persönlichen Gebrauch. Sportausrüstungen, elektronische Geräte, Kameras, Videogeräte und Dinge des persönlichen Gebrauchs im Wert über 300 Kuna sind zu deklarieren. Strenge Ausfuhrbeschränkungen bestehen für Kunstgegenstände sowie archäologische Fundstücke.

Die **Mehrwertsteuer** (22 %) kann man sich rückerstatten lassen; dazu muss beim Kauf (ab 740 Kuna) ein sogenanntes PDV-P-Formular ausgefüllt und vom Verkäufer bestätigt werden. An der Grenze werden Quittungen und Formular geprüft und abgestempelt. Innerhalb von sechs Monaten kann der Käufer die Papiere z. B. per Post in dem Laden einreichen.

Durch Kroatiens EU-Beitritt (Juli 2013) werden sich die Vorschriften ändern (Zoll: www.carina.hr).

Urlaubskasse	
Tasse Kaffee	1,20 €
Softdrink	1,80 €
Glas Bier	1,80 €
Burek	2,50 €
Kugel Eis	1,– €
Taxifahrt (pro Km)	1,30 €
Mietwagen/Tag	55,– €

Register

Bildnachweis

Alamy/Art Kowalsky: 13, 80; Alamy/Wilmar Photography: 123; Bildagentur Huber/Johanna Huber: U2-Top12-1, U2-Top12-11, 93; Bildagentur Huber/A. Saffo: U2-Top12-5; Bildagentur Huber/G. Simeone: U2-Top12-6; Catch-the-Day/Manfred Braunger: 95; fotolia/Bea Busse: 2-3; fotolia/Lianem: 33; fotolia/MaiKai: U2-Top12-2, 19; fotolia/Mestrovic: U2-Top12-09; fotolia/Nebojsa Tomic: 2-1; fotolia/Jelena Popic: 2-2; Ralf Freyer: 11, 15, 16, 22, 25, 26, 35, 39, 51, 52, 57, 59, 63, 84, 86, 88, 91, 104, 105, 107, 108, 109, 111, 121; Rainer Hackenberg: 9, 20, 24, 27, 49, 65, 67, 68, 75, 89, 103, 115, 127, 128, 130, 131, 133, 134, 136; Friedrich Köthe: 37, 53, 73, 77, 82, 85, 101, 112; laif/Michael Amme: 54, 70; laif/Celentano: U2-Top12-10, 6; laif/Jörg Gläscher: 118; laif/hemis: U2-Top12-3, 28; laif/Malherbe: U2-Top12-12; laif/hemis.fr/Rene Mattes: U2-Top12-08; laif/Zanettini: U2-Top12-4, 5; Sabine von Loeffelholz: 21, 55, 116; LOOK-foto/age fotostock: U2-Top12-7; LOOK-foto/Ingolf Pompe: 42, 61; Mauritius-images/Wolfgang Weinhäupl: 44.

Liebe Leserin, lieber Leser,
wir freuen uns, dass Sie sich für diesen POLYGLOTT on tour entschieden haben. Unsere Autorinnen und Autoren sind für Sie unterwegs und recherchieren sehr gründlich, damit Sie mit aktuellen und zuverlässigen Informationen auf Reisen gehen können. Dennoch lassen sich Fehler nie ganz ausschließen. Wir bitten Sie um Verständnis, dass der Verlag dafür keine Haftung übernehmen kann.

Ihre Meinung ist uns wichtig. Bitte schreiben Sie uns:
TRAVEL HOUSE MEDIA GmbH, Redaktion POLYGLOTT, Grillparzerstraße 12,
81675 München, redaktion@polyglott.de
www.polyglott.de

2. unveränderte Auflage
Dieses Buch wurde auf chlorfrei gebleichtem Papier gedruckt.
ISBN 978-3-8464-1768-3

Verlagsleitung: Michaela Lienemann
Redaktionsleitung: Grit Müller
Autoren: Maria Pernat, Wolfgang Rössig
Neukonzeption: Maria Pernat
Redaktion: Christian Steinmaßl
Bildredaktion: TRAVEL HOUSE MEDIA GmbH, Christian Steinmaßl, Ulrich Reißer
Layout: Ute Weber, Geretsried
Titeldesign-Konzept: Studio Schübel Werbeagentur GmbH, München
Karten und Pläne: Annett Winter, TRAVEL HOUSE MEDIA GmbH, München
Satz: Schulz Bild + Text, Mainz und Ute Weber, Geretsried
Druck: Stürtz Mediendienstleistungen, Würzburg

PEFC

TRAVEL HOUSE MEDIA

Ein Unternehmen der
GANSKE VERLAGSGRUPPE

Langenscheidt Mini-Dolmetscher Kroatisch

Allgemeines

Guten Morgen.	Dobro jutro. [**do**bro **ju**tro]
Guten Tag.	Dobar dan. [**do**bar dan]
Guten Abend.	Dobro veće. [**do**bro **wä**tschä]
Hallo!	Zdravo! [s**dra**wo]
Wie geht's?	Kako je? [**ka**ko jä]
Danke, gut.	Hvala, dobro. [ch**wa**la **do**bro]
Ich heiße ...	Zovem se ... [**so**wäm ßä]
Auf Wiedersehen!	Do viđenja! [do wi**dsch**änja]
Morgen	jutro [**ju**tro]
Vormittag	prijepodne [**pri**jäpodnä]
Nachmittag	popodne [**po**podnä]
Abend	večer [**wä**tschär]
Nacht	noć [notsch]
morgen	sutra [**ßu**tra]
heute	danas [**da**nas]
Sprechen Sie Deutsch / Englisch?	Govorite li njemački/ engleski? [**go**woritä li **njä**matschki / **än**gläski]
Wie bitte?	Molim? [**mo**lim]
Ich verstehe nicht.	Ne razumijem. [nä ra**su**mijäm]
Sagen Sie es bitte noch einmal.	Recite još jedanput, molim. [**rä**tßite josch jä**dan**put **mo**lim]
..., bitte.	..., molim. [**mo**lim]
Danke.	Hvala. [ch**wa**la]
Keine Ursache.	Nema na čemu. [**nä**ma na **tschä**mu]
was / wer / welcher	što / kto / koji [schto / kto / koji]
wo / wohin	gdje / kamo [gdjä / **ka**mo]
wie / wie viel	kako / koliko [**ka**ko / **ko**liko]
wann / wie lange	kada / kako dugo [**ka**da / **ka**ko **du**go]
Wie heißt das?	Kako ovo se zove na hrvatskom? [**ka**ko **o**wo ßä **so**wä na **chr**watskom]
Wo ist ...?	Gdje je ...? [gdjä jä]
Können Sie mir bitte helfen?	Molim Vas, možete li mi pomoći? [**mo**lim waß **mo**schäte li mi **po**motschi]
ja	da [da]
nein	ne [nä]
Entschuldigen Sie!	Oprostite! [o**pro**stitä]
Das macht nichts.	Nema veze. [**nä**ma **wä**sä]

Einkaufen

Wo kann ich ... kaufen?	Gdje mogu kupiti ...? [gdjä **mo**gu **ku**piti]
Wie viel kostet das?	Koliko košta? [**ko**liko **kosch**ta]
Wo ist eine Bank / Wechselstube?	Gdje je banka / mjenjačnica? [gdjä jä **ban**ka / mjän**jatsch**nitßa]
Geben Sie mir 100 g Käse / zwei Kilo Orangen.	Dajte mi deset deka sira / dva kila naranča. [**daj**tä mi **dä**sät **dä**ka **si**ra / dwa **ki**la na**ran**tscha]
Haben Sie deutsche Zeitungen?	Imate li njemačke novine? [imatä li **njä**matschkä **no**winä]
Wo kann ich telefonieren / eine Telefonkarte kaufen?	Gdje mogu telefonirati / kupiti telefonsku karticu? [gdjä **mo**gu täläfo**ni**rati / **ku**piti tälä**fon**sku **kar**titßu]

Essen und Trinken

Die Speisekarte, bitte.	Jelovnik, molim. [jälownik **mo**lim]
Brot	kruh [kruch]
Kaffee	kava [**ka**wa]
Tee	čaj [tschaj]
mit Milch / Zucker	s mljekom / sa šećerom [ß **mljä**kom / ßa **schä**tschärom]
Orangensaft	sok od naranča [ßok od na**ran**tscha]
Suppe	juha [**ju**cha]
Fisch / Meeresfrüchte	riba / morski plodovi [**ri**ba / **mor**ski **plo**dowi]
Fleisch	meso [**mä**ßo]
Geflügel	perad [**pä**rad]
vegetarische Gerichte	vegetarijanska jela [wägätari**jan**ska **jä**la]
Eier	jaja [**ja**ja]
Salat	salata [ßa**la**ta]
Dessert	desert [**dä**ßärt]
Obst	voće [**wo**tschä]
Eis	sladoled [**ßla**doläd]
Wein	vino [**wi**no]
weiß / rot / rosé	bijelo / crno / ružica [**bi**jälo / **tsr**no / **ru**schitßa]
Bier	pivo [**pi**wo]
Wasser	voda [**wo**da]
Mineralwasser	mineralna voda [minä**ral**na **wo**da]
mit / ohne Kohlensäure	sa ugljičnom kiselinom / bez ugljične kiseline [ßa **u**gljitschnom **ki**ßälinom / bäs **u**gljitschne **ki**ßälinä]
Limonade	limunada [limu**na**da]